給中學生的
經典新談 ❷：

人倫之愛

編著 朱崇學

中華教育

序

兒時勤守歲，

靜看白芽開；

劍葉今猶綠，

能將歲月裁。

—— 栽種水仙四十年有感

種植水仙四十年，也教了四十年書。心情儘管如同昨日，歲月已匆匆逝去。

每逢過年，少不了舊生聚會，昔日的野孩子，不少已經頭頂漸禿，兒女忽成行了。孩子當初都腼腼腆腆地跟在父母身後。當中有讀大學、中學的大孩子，有讀小學甚至更小的小孩子。大家最熱衷的話題總是「背書」。父母們大都能將當年背過的《大同與小康》《出師表》《長恨歌》《醉翁亭記》倒背如流，有幾個居然記得《中山狼傳》。「黃國石老師最兇，兩千多字的《中山狼傳》也要背，說背了才是你的。」一人口沫橫飛說着：「⋯⋯我們今天很感激他哩！」難得他們仍以背書為樂，還教自己的孩子背書。看着那一個個天真活潑的孩子，在大人面前唸誦唐

詩，不疾不徐，七情上面，可愛極了。有幾個孩子還懂得背《論語》《孟子》。父母說記得我講過口誦心惟、潛移默化的道理。背誦經典彷彿成了數代之間一條情感上的紐帶，也成為打破彼此隔膜的共同語言。我不禁為這一份傳承而感動。

說到背書，不能不提大學時代的杜維運教授。業師杜教授謙謙君子，沉厚樸實，是聖人孔子的同鄉，據說喝紹興酒卻是罕逢敵手。他有一招袖底藏箋，至今同學間依然紛紛議論。杜老師上課，兩手空空，西裝一襲而來。講課時卻最愛引用古典，經常筆走龍蛇，把引文抄滿黑板，鮮有錯漏。同學當初有點懷疑，都說杜老師西裝袖內藏着細箋。故一旦杜老師寫引文稍為遲緩，同學就探長身子、睨眼察看老師是否在偷窺袖底。但每次只見到老師舉袂掩嘴，清清喉嚨後，又繼續默抄引文。

老師背書，我們也要背書。記得單周堯教授當年教文字音韻，桃李盈門，擁躉眾多。講師中數他最為年輕，卻也「古道熱腸」，竟然要我們背起《廣韻》韻目。那時我在荃灣聖芳濟夜校教書，晚上十點坐小輪船回香港島宿舍，幾十分鐘的航程竟然把「東冬鍾江……」魔咒一樣的字串唸熟了。第二天早上單教授親自操刀考查，我們

逐個戰戰兢兢地上前背書。我連珠炮發般不消幾秒就唸完了平聲韻目。有胡鬧的女同學馬上抗議,說我咬字不清,蒙混過關,不能算數。「單生」抬頭望着我,笑說:「還聽得清楚……算的,算的。」我伸一伸舌頭,從此覺得「單生」的笑容很可愛。

又有一次,聽了一場演講,講者悽然動容,聲淚俱下,說背誦害苦了孩子,要還他們一個快樂的童年。卻不知道,哪一個民族不讓孩子背誦經典。這些都是文學的底蘊、做人的底蘊,也是文化的底蘊。不久之後,學校課程中真的再沒有範文和經典了,那當然十分可惜。其實,失去的又何止那幾十篇範文呢?

最初接觸經典,是幫潘重規教授把藏書搬運到美孚新居。幾個黃毛小子看見這許多國學典籍,都瞠目結舌,大大開了眼界。中學恩師葉玉樹先生是潘教授弟子,吩咐我們幾個同學運送時要千萬小心。我們小心翼翼,如履薄冰,把一箱箱書籍搬上樓,再逐一排上書架。這時,大家都不懂得怎樣排列,轉頭望着我。也不知道哪來的自信,我想了一會,就指示他們按經史子集和朝代次序排列。潘教授發現了,笑說逐箱書排上書架就可以了,又說放在客廳正中的大木櫃不要打開。我紅着臉,十分難為情。潘教授拍拍我肩膀,然後走開了。當晚還在東江樓請我們吃飯,大家由東江的來歷,聊到四書五經。他說「經者常也」,經籍講的是經常不易的道理。至於老莊荀韓等經典,與孔孟等聖人大抵同期,可以互相發揮,叫我們都要

認真讀，還給我們送了一些他的著作。我回去後是有用心細讀的。後來知道潘教授是敦煌學和文字學專家，安徽婺源人，跟朱熹是同鄉，也是國學大師黃侃的弟子和乘龍快婿。當初黃侃命潘教授圈讀十三經注疏，繼而授以《説文》《爾雅義疏》。潘教授珍惜機緣，朝夕繕寫老師講義，用功甚勤，因此受到賞識。大木櫃中藏着的就是他外家的善本書。如此珍貴的典籍，無緣得見，雖引以為憾，但那個大木櫃的影子，卻長埋心底。

緣分的確是十分奇妙的東西。中學時我在圖書館當管理員，偶然讀到陳耀南教授的《典籍英華》，感到極大震撼。書中將經子哲教的內容解釋得如許清楚，那典雅流麗的文字是如許吸引。所以我沒有理由報考中大，一心一意要進入港大，要拜會這位學者。陳教授説話時中氣十足，金聲玉振，即使閒話家常，也能引經據典，舌燦蓮花。尤其對於人情事理的剖析，談古論今，層層深入，發人之所未發，令人拍案叫絕。一次我寫作文成績不理想，跟他説我在修辭花了很大功夫。他聽了，脱下厚厚的眼鏡，用絨布抹着，説：「這篇文章我也看過，駢偶的文字不容易寫，導師不欣賞，實在可惜……」跟他接觸，我懂得學習經典，既要温故，也要知新；既要善入，也須善出。

每逢過年，港大中文學會的幹事，都會挨門逐戶，向教授講師拜年。記得那天上到羅公的家。羅慷烈教授溫文爾雅，平時不苟言笑，上課談詩說詞，卻揮灑自如，絲絲入扣，引人入勝。羅公家中陳設簡約，窗明几淨，客廳正中竟然有一個天井，單放着一盆蒼翠欲滴的竹子，成為眾人目光交投所在。「這盆金絲竹，是朋友從杭州西湖捎來的，十分難得。」那時足不出香港，西湖的印象只在書籍中涉獵過，既是熟悉，也很陌生。羅公又說：「《詩經》中有『瞻彼淇奧，綠竹猗猗』詩句，讚美的是君子的才德。」這時我們才明白朋友送竹的用意。離開時仍然有點不捨，回頭望着正襟危坐的羅公，他靜靜地欣賞竹子。竹子在陽光掩映下，青絲銀線，玉葉金枝，散發出旺盛的生命力。這時，腦海中不禁升起了「綠竹猗猗」的琅琅讀書聲，也泛起了煙雨西湖的明媚影象。

朱崇學

己亥農曆新年

附記：這本書原題《孩子愛讀經》，是一本寫給小孩子看的書。朋友說，經典講的道理歷久彌新，大小孩子以至青年人也要讀，於是將書名改了。

目錄

人倫之愛：
親親，而仁民

每逢佳節，我們都會跟家人共聚天倫之樂。

「天倫」就是父子、兄弟、夫妻等親屬關係，這些關係都被看作天生地設的。《孟子‧滕文公上》說：「教以人倫——父子有親，君臣有義，夫婦有別，長幼有序，朋友有信。」這五種倫常關係，合稱「人倫」。

又「天倫」，又「人倫」，究竟「倫」的意思是甚麼？原來「倫」這個字由左「人」右「侖」組成。有人說「侖」其實是「龠」，即中國古代一種管樂器，象編管之形，可能是排簫的前身。故此，「侖」這個偏旁，借高低有序的管樂器，來比喻等級和秩序。再加上「人」作為部首，表示這是一種世俗秩序、人際常理。換言之，古人認為人與人之間，有着尊卑有序、親疏有別的關係。世間許多事情會變，但這種「尊尊」和「親親」的倫常關係不能變。

　　人倫關係既是這般錯綜複雜，也是那麼井然有序。於是，有人用石子投入水中，讓水的波紋擴散展開，來形容這種亂中有序的關係。「己」處於漪淪的正中位置，然後泛開漣紋，一圈一圈的向外推出去，愈推愈遠，代表了家、國、天下等逐步擴大的範圍。水淪由內圈擴大到外圈，正如人倫關係的由親而及疏，以中間的關係最為深厚，然後愈推愈薄。就在這個推移的過程中，「己」逐漸成長，擴大了眼界，也擴大了個人影響力。

　　不過，我更喜歡用樹木的年輪，來說明人倫。年輪也是一個個同心圓的環，因為生長環境和週期變化，讓木材的紋路疏密不同，生長遲速有別，正如人在成長過程中，同樣受到種種主觀和客觀因素影響。年輪的同心圓固然有內外之分，代表親疏有別，但沒有因為擴散作用，而減弱了力度。年輪的發展是整體的，它向內長出木材，向外發

展出韌皮。由內推向外的過程，成就了參天大樹；大樹吸收了營養，反過來又向內提供生生不已的力量。這種力量，恰如人與人之間的愛。

《孟子·盡心上》說：「親親而仁民，仁民而愛物。」這種像樹木年輪一般的愛，由親而及疏，逐步擴展，對象不同，所愛有別，但都源自於最內層的生生不已的愛心和關懷。但這個愛，並不是必然具有的，現實生活中的確有些人表現得那麼冷漠不仁。所以，我們先要懂得親愛最親近的家人，這一團愛人的火種才慢慢點燃起來。於是推己及人，懂得關懷別人，繼而關心社會，珍惜環境，再遍及世間萬事萬物。不過，由厚愛至親，到關愛別人，以至愛惜萬物，當中愛的方式是有區別的，但力度不會因關係變得疏遠而減弱。一個愛家庭的人，同樣可以擁有更大的愛心去關心別人、關懷社會，年輪內層和外層的發展是可以

互相促進的。愛妻的詩人杜甫，寫出了「香霧雲鬟濕，清輝玉臂寒」的深情詩句；但當茅屋為秋風所破，又會想到「安得廣廈千萬間，大庇天下寒士俱歡顏」。愛妻的愛，關懷寒士的愛，是不同的，但這個愛人的力量，可以不斷提升，以至於無窮無盡。

　　故此，如何愛人，並不簡單，需要一個學習和淬煉的過程。從儒家的角度來看，《中山狼傳》中主兼愛的東郭先生，對素不相識的中山狼，竟熱情地拔刀相救，搞不清對待陌生人和親人的應有差別，這無疑是仁陷於愚，最後只會被反咬一口。又如莊子的妻子死了，他竟然鼓盆而歌。這固然顯示出道家看透人生、洞達世情的智慧；但夫妻情重，這種冷靜的態度，又會不會給人涼薄的印象呢？

　　所以，由親親，而仁民，我們要了解倫常之道，學習愛人的合理方式。

親子・家庭

如果説孝道是中華文化其中一個核心價值，相信沒有多少人會反對。

古代帝王將相的故事中，許多都跟孝道扯上關係，例如帝舜的「孝感動天」、漢文帝的「親嘗湯藥」等。他們又是帝王，又是《二十四孝》故事的代表人物，從此成為我國民族英雄的典範。他們的英雄形象，並非來自戰功彪炳，而是由於品德行為上的卓越。反過來説，被認為不孝的人，在歷史上幾乎沒有立足之地。就像那位「母歿喪不臨」的名將吳起，挨盡了多少罵名。古代有所謂「十惡不赦」的重罪，而「不孝」正是其中之一。

東漢經學家許慎，寫成我國第一部字典《説文解字》。他為「孝」字下了註腳：「孝，善事父母者；從老省，從子，子承老也。」「孝」字是將「老」字的「匕」省掉，換上「子」字再組合而成。「匕」是老人家扶着的手杖，去掉後換成「子」字，表示小子扶持長者，包含了「善事父母」的意思。然後這種老人和子女的上下承傳關係，從子輩繼承老輩做起，並傳承給以後的子輩，代代相承，形成了「子承老也」的緊密聯繫。故此，孝道既是子女侍奉父母的愛與關懷，也是承傳長輩的義務和責任，因此孝是一種美德。

孝道是雙向的，子女孝順父母，父母也要愛護子女。父慈子孝，組織成最美好的家庭。在這種愛的氛圍下，不僅父祖輩和子孫輩相親相愛，兄弟姊妹也和睦共處，夫妻間相敬如賓，再擴展開去，形成了良好的社會風氣。這當然是從理想的角度來立說，但古人的確是這樣設想的。所以說：「百行孝為先」「孝者，德之本也，教之所由生也」，就是這個緣故。

不過，現實生活中，孝順和慈愛並非簡單易為的事情，一廂情願的方式未必有效，有時更會適得其反。大舜孝順父親和後母，處處忍讓，卻一再受到加害，倘若不是孝感動天，天相吉人，真是後果堪虞。又劉備臨終向諸葛亮託孤，說：「若嗣子可輔，輔之；如其不才，君可自取。」這位慈父太了解諸葛亮的性格了，情真意切的幾句「亂命」，已把一位忠臣的心牢牢套住，但兒子劉禪未必能領略到父親的心意，免不了藏怒宿怨。

古人講父慈子孝，講家庭和睦，都十分仔細，我們可以一邊了解借鑒，一邊思考為人子女的應有態度。

1.1

孝敬孝順

1.1.1

孟懿子問孝。子曰:「無違。」樊遲御,子告之曰:「孟孫問孝於我,我對曰,無違。」樊遲曰:「何謂也?」子曰:「生,事之以禮;死,葬之以禮,祭之以禮。」

《論語‧為政》

1.1.2

孟武伯問孝。子曰:「父母唯其疾之憂。」

《論語‧為政》

1.1.3

子游問孝。子曰:「今之孝者,是謂能養。至於犬馬,皆能有養;不敬,何以別乎?」

《論語‧為政》

語譯　孟懿子請教孝道，孔子說：「不要違背。」
歸途上樊遲駕車，孔子說：「剛才孟懿子問
我孝道，我回答：『不要違背。』」樊遲說：
「這是甚麼意思呢？」孔子說：「父母還活着，
應當依禮事奉；父母死了，依禮來辦喪事，
依禮來祭祀。」

說明　孟懿子是魯國的執政，父親孟僖子臨終時告誡他
向孔子學禮。孔子認為盡孝必須事死如事生，做
事不可違反禮制的規定。千萬不可恃着權勢就越
禮犯分，那只會讓父母蒙羞，也就是不孝。

語譯　孟武伯問孝道。孔子說：「父母總是擔心子
女的疾病。」

說明　孟武伯即孟懿子的兒子，孔子的回應只是讓他反
思一下父母對他的關懷。一個人懂得反思親恩，
就更加珍惜自己，自強不息，這是對父母心存敬
意的表現。

語譯　子游問孝道。孔子說：「今天所謂孝道，只
是講養活父母就足夠了。那麼狗、馬呢？一
樣有人養。心中不存尊敬，供養父母與飼養
犬馬有甚麼區別？」

說明　侍奉父母，物質上的奉養並不足夠；孝道是心中對
父母的一份敬愛。

1.1.4 子夏問孝。子曰:「色難。有事,弟
子服其勞;有酒食,先生饌,曾是以
為孝乎?」

《論語·為政》

1.1.5 子曰:「事父母幾諫,見志不從,又
敬不違,勞而不怨。」

《論語·里仁》

1.1.6 曾子曰:「孝有三;大孝尊親,其次
弗辱,其下能養。」公明儀問於曾子
曰:「夫子可以為孝乎?」曾子曰:
「是何言與?是何言與?君子之所謂
孝者,先意承志,諭父母於道。參直
養也,安能為孝乎?」

《禮記·祭義》

語譯	子夏問孝道。孔子說:「侍奉父母,難在永遠保持和顏悅色。有事時,年輕人效勞;有酒有肉,讓長者先吃,這樣就算是孝了嗎?」
說明	子游、子夏,均位居孔門十哲,故他們向夫子請教孝道,答案是最具分量的。從孝道的層次來看,提供食物,只算孝養;殷勤服侍,可稱孝敬;總是保持和顏悅色,最為困難,堪稱孝順。行動可以偽裝,態度是內心的反映。對父母始終保持和顏悅色,那是騙不到別人的,又有多少人能夠做到?

語譯	孔子說:「侍奉父母,父母有錯,當一再委婉勸諫;如不接納,仍須態度恭敬,不敢違逆;雖然憂傷,卻不埋怨。」
說明	孝敬固難,孝順更難;要在今日社會中實行,尤不容易。

語譯	曾子說:「孝有三種等級;最高孝道,是讓父母得到天下人的尊敬;其次是不辱沒父母的名譽;再次是養活父母。」弟子公明儀問:「老師的孝行,可以稱得上是孝了吧?」曾子答:「這是甚麼話呢?這是甚麼話呢?君子所謂孝道,是要能順應父母的想法,順從父母的要求,還要讓父母明白箇中道理。像我這樣只不過做到奉養父母而已,怎麼能稱為盡孝呢?」
說明	事奉父母,先要了解父母想法,做出來要能符合父母要求,事後又讓父母明白自己的做法合情合理。

古人認為孝是所有德行的根本，故此特別重視孝道。倘若一個人對生養他的父母不孝，這個人的品格一定不會好到哪裏。《論語·為政》一連四章記錄了孔子與孟懿子、孟武伯、子游、子夏四位弟子討論孝道的內容，逐層闡明了孝道的幾個觀點：

1. 無違於禮：依禮侍奉父母，即使有權有勢，也不能越禮犯分。
2. 體會親心：懂得父母對自己的關懷，愛惜自己，以免父母擔心。
3. 心存孝敬：孝不僅僅在於供養父母生活所需，還需心存孝敬。
4. 和顏悅色：侍奉父母，敬從心發，不僅現之於行，也要形之於色。

以上四章，一氣貫串，逐層提升，突顯了孝道的深刻內容。由依禮而行，到上體親心，再而敬從心發，最後要時刻做到和顏悅色。須知道一個人，與別人相處，總有點脾氣，但為了孝敬父母，絕不能露出半點難色，你說這有多困難！

按照前人的說法，行孝可以分為不同層次，即：「孝養」、「孝敬」和「孝承」。

孝養，就是贍養父母。孔子說：「今之孝者，是謂能養。」(1.1.3) 可見這是當時一般人的見識。養就是物質上的照顧和供養。把父母衣食所需照顧得妥妥當當，這固然是一個起碼的要求，也是十分重要的要求。如果貧窮，沒能力把父母照顧好，那當然十分可惜；倘若經濟條件改善，竟然遺棄父母，那就連禽獸也不如了。可惜現實生活中，這類事例卻屢見不鮮。反過來說，能孝養父母、錦衣玉食，是否就盡了孝道？那當然還未足夠。

孝敬，指發自內心對父母的誠敬和尊重。孔子說：「至於犬馬，皆能有養。」(1.1.3) 孟子也說：「食而弗愛，豕交之也；愛而不敬，獸畜之也。」(《孟子・盡心上》) 給你飲食卻不愛你，那是把你當作豬一樣看待；愛你卻沒有恭敬之心，那是把你當作犬馬一樣畜養。孝親之道，當然不僅僅是滿足物質上的需要而已，必須跟對待愛犬愛駒有所區別。然則區別的地方是甚麼呢？就是內心的一點敬意，即孔子所說的「不敬，何以別乎」(1.1.3)。那麼，怎樣去敬呢？其實十分簡單。孔子說：「父母之年，不可不知也。一則以喜，一則以懼。」(《論語・里仁》) 父母的年歲，我們應該多留心，一來為父母高壽而開心，二來為擔心他們離去而恐懼；也就是把父母的一切放在心上，時刻以父母為念。當然，這還是孝敬的初步工夫，孝敬的精進境界或稱之為「孝順」。孝敬一般重視敬由心發，孝順則必須落實為服從父母的合理行動。例如「色難」(1.1.4)，總是對父母和和氣氣，和顏悅色。又如「父

母在,不遠遊,遊必有方」(《論語·里仁》),經常侍奉父母身邊,體會親心,免其憂慮。再如:「事父母幾諫,見志不從,又敬不違,勞而不怨。」(1.1.5) 父母犯錯時,一再委婉勸諫;倘不接受,也不失恭敬;心裏儘管有點委屈,仍然等待時機再作勸諫,完全沒有抱怨。這才是孝敬的最高境;入於孝順,並非每個人都能做到的。

孝承,是指尊親繼志,即尊崇父母,並繼承父母的志向。孔子的弟子曾參,是著名的孝子,世稱「曾子」,有宗聖的稱號。曾子提出孝有三等 (1.1.6):尊親(讓父母受眾人尊敬)、不辱(努力工作,獲得肯定)和能養(奉養父母)。公明儀於是問曾子,老師是否已經做到了孝的這些要求。曾子認為自己仍然力有不逮,未做到先意承志。他解釋說:人子的身體來自父母,不容我們糟蹋。因此,生活起居要端正莊重,對待上司要竭盡忠誠,處理事情要恭敬嚴肅,對待朋友要誠信不欺,作戰沙場要堅強勇敢;這五件事做不到,只會讓父母蒙羞受辱。直到舉國的人都稱讚羨慕自己的父母,說:「你真幸福啊!有這樣的孩子!」到了這時,父母才感到光彩,子女也做到了尊親繼志。

繼志，不僅僅在父母有生之年，即使死後，也要把他們的心願發揚光大。所謂：「父在，觀其志；父沒，觀其行；三年無改於父之道，可謂孝矣。」（《論語‧學而》）父親在世時，子女應觀察學習他的志向願望；當他離世後，更加要牢記他的行為榜樣。在守喪三年期間，不會違背父親的行事原則和方向，這就可稱得上盡孝了。

總之，曾子認為孝道是人民的基本教育，實行起來有養、敬、安、久、卒等要求。《禮記‧曾子大孝》說：「民之本教曰孝，其行之曰養。養，可能也；敬，為難。敬，可能也；安，為難。安，可能也；久，為難。久，可能也；卒，為難。父母既歿，慎行其身，不遺父母惡名，可謂能終也。」換言之，侍奉父母，給予物質奉養，那還易辦，要做到態度和樂恭敬難。態度的恭敬易，要做到心安理得難。短暫的心安易，持之以恆難。親存而堅持易，親歿而繼志難。子女在父母去世之後，仍能一如既往，謹慎行事，不辱父母，甚至光宗耀祖，則可以說是「大孝」了。

想一想 孝養父母、體會親心、心存孝敬、和顏悅色，你做到了當中哪幾項？試略作解釋。

孝與不孝

1.2.1 宰我問:「三年之喪,期已久矣。君子三年不為禮,禮必壞;三年不為樂,樂必崩。舊穀既沒,新穀既升,鑽燧改火,期可已矣。」子曰:「食夫稻,衣夫錦,於女安乎?」曰:「安。」「女安則為之!夫君子之居喪,食旨不甘,聞樂不樂,居處不安,故不為也。今女安,則為之!」宰我出。子曰:「予之不仁也!子生三年,然後免於父母之懷。夫三年之喪,天下之通喪也。予也,有三年之愛於其父母乎?」

《論語 · 陽貨》

1.2.2 孟子曰:「……不得乎親,不可以為人;不順乎親,不可以為子。舜盡事親之道而瞽瞍底[鼓]豫,瞽瞍底[手]豫[旨]而天下化,瞽瞍底豫而天下之為父子者定,此之謂大孝。」

《孟子 · 離婁上》

語譯　宰我問：「三年居喪守孝，時間太長了，君子三年不參加禮儀活動，禮儀一定會生疏；三年不奏樂，音樂一定會忘記。舊糧吃完，新穀初長，打火用的燧木已換了一轉，守孝一年就夠了。」孔子說：「吃香飯，穿錦衣，你心安嗎？」「心安。」「你覺得心安，就這麼做好了。君子守孝，吃美味不香，聽音樂不樂，住在家裏不舒適，所以才不做。現在你心安，那就做吧。」宰我走後，孔子說：「宰我真沒有仁愛之心呀！孩子生下，三年後才離開父母懷抱。三年的喪期，是普遍遵行的規則。宰我難道沒得到過父母三年的關愛嗎？」

說明　禮儀只是一種形式，關鍵在於心之所「安」。宰我從實用角度出發，認為守喪三年太長；孔子卻為居喪之禮找到了情感上的依據。在孔子生活的時代裏，普遍的人都接受三年喪期，如果違反了這個規定，在情感上就有點說不過去，而品德亦有虧。

語譯　孟子說：「……不能博得父母的歡心，就不配做人；不能承順父母的旨意，就不配做兒子。舜用盡心力來侍奉父母，終於使頑固的父親瞽瞍變得高興了；瞽瞍高興了，天下風俗都變得淳化；瞽瞍高興了，則天下的父子都懂得慈愛的道理。這才稱得上大孝。」

說明　孝道有着巨大的感染力。舜作為上位者，恪守孝道，做好榜樣，能使民德歸厚。

孝與不孝

1.2.3　公都子曰：「匡章，通國皆稱不孝焉。夫子與之遊，又從而禮貌之，敢問何也？」孟子曰：「世俗所謂不孝者五：惰其四支，不顧父母之養，一不孝也；博弈好飲酒，不顧父母之養，二不孝也；好貨財，私妻子，不顧父母之養，三不孝也；從耳目之欲，以為父母戮，四不孝也；好勇鬥很，以危父母，五不孝也。章子有一於是乎？夫章子，子父責善而不相遇也。責善，朋友之道也；父子責善，賊恩之大者。夫章子，豈不欲有夫妻子母之屬哉？為得罪於父，不得近。出妻屏子，終身不養焉。其設心以為不若是，是則罪之大者，是則章子已矣。」

《孟子‧離婁下》

1.2.4　孟子曰：「不孝有三，無後為大。舜不告而娶為無後也。君子以為猶告也。」

《孟子‧離婁上》

語譯　公都子問孟子說：「匡章這人，全國都說他不孝；夫子卻同他往來，還用禮貌對待他，敢問是甚麼緣故呢？」孟子說：「世俗稱為不孝的事有五種：懶惰，不顧奉養父母，一不孝；賭博下棋好喝酒，不管父母的生活，二不孝；貪財吝嗇，偏愛妻子兒女，不管父母的生活，三不孝；放縱聲色的欲望，讓父母感到恥辱，四不孝；好勇鬥狠，危及父母，五不孝。章子在這五項中有一項嗎？他只不過跟父親以善相責而把關係弄壞了。以善相責，這是交朋友的道理；父子之間以善相責，是最傷害感情的。那章子難道不想有夫妻母子的團聚嗎？只因得罪了父親，被父親驅逐了，所以只得休退妻子，趕走兒子，終身不要他們侍奉。他用心良苦，因為不這樣做，罪名就更重大了。這就是章子的為人了。」

說明　按世俗人想法，被父親驅逐的人，一定是個忤逆子。但孟子認為匡章為人直率，對父責善，才會被逐。匡章無法奉養父親，故深深自責，又豈能心安理得地接受妻室兒子的奉養呢？

語譯　孟子說：「不孝的表現有很多，其中以不能盡到後輩的責任為最大。舜不先稟告父母就娶妻，這是沒有盡到後輩的責任。但君子認為，他沒有稟告也跟稟告了一樣。」

說明　舜的父親瞽瞍，受到後妻挑撥離間，寵愛她的兒子象。瞽瞍、繼母和象三人多次謀害舜，每次都沒有得逞，最後將舜趕出家門。堯帝欣賞舜的美德，將娥皇、女英兩個女兒嫁給他，舜無法告知父母，只好不告而娶。

中國人十分重視孝道。有時這種孝道的形式，甚至越過了道德的領域，而跡近於一種宗教信仰。故此，在古代社會中，人人都要恪守孝道。為人子者，被指不孝，那是十惡不赦的大罪。

至於何謂不孝？孟子曾作出過解釋：「不得乎親，不可以為人；不順乎親，不可以為子。」(1.2.2) 簡言之，所謂孝親，既要「得乎親」，也要「順乎親」。「得」父母之心，就是所作所為，須得到父母的接納和允許；「順」父母之心，就是做事之前，先要考慮父母的想法。合於父母心意的事情才會做，否則就是不孝。這個原則十分抽象，也難以一一稟請父母同意。但放到現實生活中，可作這樣的理解。例如要做出違法的行為，我們該懂得父母是不會同意的，如果順着他們的想法，這些行徑只會讓他們難過和傷心。從這個角度看，孝道精神其實是品格教育的一種延伸。

其次，孟子提出「不孝有三」(1.2.4) 的說法，加上東漢學者趙歧的解說，可將「不孝」行為說得更加具體。「不孝有三」就是：（一）家貧親老，不為祿仕；（二）阿意曲從，陷親不義；（三）不娶無子，絕先祖祀。換言之，好吃懶做，不管父母死活，那是「孝養」出了問題；不問對錯，一味曲從賣乖，等於為父母挖坑，其

實是「孝敬」出了問題；不念繼後，不顧家庭，那是「孝承」出了問題。至於「無後為大」，「無後」為甚麼居不孝之首呢？「無後」所指不僅僅是繼後香燈，而是指子女要盡子女的責任，以孝承父母，維繫家庭。這裏也涉及原則和現實相衝突的問題，因為孟子這句話還有下文。他說：「舜不告而娶為無後也。君子以為猶告也。」舜娶妻子時沒有告訴他的父母，這固然沒有盡到後輩的責任，但舜一直備受父母和弟弟加害，漂泊在外，終事業有成，蒙堯帝賜婚；雖然沒有稟告，但與稟告了是沒有甚麼區別的。故此，孝道的原則是死的，我們必須斟酌情況，而作出相應的合適行為。

可惜後世帝王高舉孝的旗幟，提倡以孝治天下，其實是借助忠孝一體來加強統治。要麼你就忠孝兩全，要麼你就是不忠不孝。孝因此變得絕對化了，也因此僵化了。像《二十四孝》故事中，郭巨埋兒、老萊娛親、臥冰求鯉、恣蚊飽血等事跡，都極盡愚昧和殘忍，卻竟被當作孝道的最高境界而大肆宣揚。郭巨擔心母親吃不飽，便將兒子活埋；老萊子七十老翁，身着彩衣，臥地裝哭，聊博雙親一笑；王祥母親冬天想吃鯉魚，於是他解衣臥冰，以融化冰層；吳猛為免雙親被蚊蟲叮咬，於是坐在床前先讓蚊子吃個飽。這些愚孝行為，其實都違反人性。日本也一直奉行儒家文化，但在貧窮得實在活不下去的處境當中，日本人與中國人作出了剛好相反的抉擇。在日本的《楢

山節考》故事中，為了讓孩子多一口飯吃，辰平背着六十九歲的母親阿玲婆，打算將她扔到棄老山上；《搜神記》中的郭巨，為了母親吃得飽，竟然要把自己的三歲兒子活埋。兩個故事的結局一悲一喜，郭巨與母親一老一小最終死裏逃生，但回味起來總給人一種「天地不仁」的窒息感覺。還是魯迅在《二十四孝圖》文中挖苦得最為抵死：「至於玩着『搖咕咚』的郭巨的兒子，卻實在值得同情。他被抱在他母親的臂膊上，高高興興地笑着；他的父親卻正在掘窟窿，要將他埋掉了……我最初實在替這孩子捏一把汗，待到掘出黃金一釜，這才覺得輕鬆。然而我已經不但自己不敢再想做孝子，並且怕我父親去做孝子了。」（《朝花夕拾》）

我們固然應當贊同孝道，但必須反對不合道理的「愚孝」。有人說孔子主張守孝三年，又批評提出「服喪一年」的宰我太過不仁，實在是強人所難，過於固執。但我們必須明白，孔子時代的社會跟今天的社會完全不同，無論階級結構和生活節奏都不可同日而語。歸根究柢，孔子所強調的只是求心之所安。父母義無反顧地給我們付出時間和心力，我們必須懂得感恩和回饋。孔子時代的宰我也好，今天的我們也好，現

實生活中總給我們不少制約，所謂冬温夏清、昏定晨省、出入扶持、請席請衽，實在難以一一做到。然而，作為子女的，不妨經常想想父母昔日如何辛勞地照顧我們，然後給他們說聲早晨，買點小禮物，打一個問候的電話，只圖一個心之所安而已，又何樂而不為呢？

即使在古代社會，兒子為父母守孝，對於社會經濟也會造成損失；但對於當事人來說，至親離世，人生起着重大轉變，也難得一個追悼死者、靜觀人生的機會。唐代詩人白居易有一首《村夜》，那是他在長安渭村故居給母親服喪期間，面對秋天的沉沉夜色，用詩筆記下了喪母的孤獨寂寞心情：「霜草蒼蒼蟲切切，村南村北行人絕；獨出前門望野田，月明蕎麥花如雪。」寒霜打過，秋草一片灰白。蟲聲淒切，村子路上行人盡去。我孤身一人跑到門外，凝望那舊日的田野。明亮的月色下，蕎麥開花如雪。

景物依舊，親人已去，能不欷歔！

想一想 《二十四孝》故事你認識哪幾個？如果把孝道的標準定得極高，會產生甚麼後果？

棒下孝子

1.3.1 慈母之於弱子也，愛不可為前。然而弱子有僻行，使之隨師；有惡病，使之事醫。不隨師則陷於刑，不事醫則疑於死。慈母雖愛，無益於振刑救死，則存子者非愛也。

《韓非子・八說》

1.3.2 孔子為魯司寇，有父子訟者，孔子拘之，三月不別。其父請止，孔子舍之。季孫聞之，不說，曰：「是老也欺予。語予曰：為國家必以孝。今殺一人以戮不孝！又舍之。」冉子以告。孔子慨然歎曰：「嗚呼！上失之，下殺之，其可乎？不教其民，而聽其獄，殺不辜也。」

《荀子・宥坐》

語譯　慈母對於幼子的寵愛，沒有甚麼能比得上了。但是小孩有了不正當的行為，就得讓他跟隨老師學習；有了嚴重的疾病，就得讓他求醫看病。不跟老師學習，就會犯法受刑；不求醫看病，就怕會死亡。慈母雖然愛子，但這種溺愛，對於從刑罰中把孩子拯救出來，或從死亡中把孩子救活過來，卻毫無裨益。這樣看來，使孩子得以生存的，並不是愛。

說明　韓非從管理的角度指出，知愛而不知教，只會傷害孩子。

語譯　孔子為魯國司寇，掌管刑獄，遇到一件父子相訟的案件。孔子將他們一同關進監獄，過了三個月，既不審理，也不判決。後來，父親請求不要審判，孔子便將兩人放了。季桓子聽聞後，很不高興，說：「這個老頭子欺騙我，先前告訴我治理國家以孝道為先。如今殺一個人即可警誡那些不孝子，卻又把他釋放了……」冉求把這話告訴孔子，孔子歎息說：「哎！在上位者喪失治民之道，卻要殺掉老百姓，這是不合理的。不去教化人民講究孝道，任其獄訟，這是殺害無辜的人。」

說明　孔子用拘禁的方式，讓父子雙方平心靜氣，理性思考，以息爭止訟，用的是教育手段。權臣季桓子誤以為用迅猛殺人的手段，可以移風易俗，其實適得其反。

棒下孝子

1.3.3　公孫丑曰:「君子之不教子,何也?」孟子曰:「勢不行也。教者必以正;以正不行,繼之以怒;繼之以怒,則反夷矣。『夫子教我以正,夫子未出於正也!』則是父子相夷也;父子相夷,則惡矣。古者易子而教之,父子之間不責善。責善則離,離則不祥莫大焉。」

《孟子·離婁上》

1.3.4　夫為人父者,必懷慈仁之愛,以畜養其子;撫循飲食,以全其身。及其有識也,必嚴居正言,以先導之。及其束髮也,授明師以成其技;十九見志,請賓冠之,足以成其德。血脈澄靜,娉內以定之,信承親授,無有所疑。冠子不詈[利],髦子不笞[毛],聽其微諫,無令憂之,此為人父之道也。

《韓詩外傳·卷七》

語譯　公孫丑問：「君子不親自教導兒子，是甚麼道理呢？」孟子說：「情勢上行不通啊。教導兒子，一定要用正道；如果用正道教子無效，接着來的就是發怒；一發怒，那反而傷感情了。『你做父親的教我遵守正道，但你的所作所為卻不依正道而行！』那就使父子互傷感情了；互傷感情，就不好了。所以古時候的人，寧願彼此交換兒子來施教，父子之間不相督責，以成其美善。互相督責，就會隔絕親情；到了親情隔絕的地步，那世間就沒有比這更不祥的事了。」

說明　古人雖說：「養不教，父之過。」但父子份屬至親，相責則離恩，易生衝突。反而易子而教，可以兩全其美。

語譯　凡為人父母的，必須懷着仁慈之心鞠養子女，在飲食、衣服等物質上予以供給和滿足，保證孩子健康成長。孩子到達曉事之年，父母須言傳身教，為子女作出表率。十五歲左右，聘請老師以傳授知識；十九歲為兒子舉行冠禮，讓孩子修養品德。孩子漸漸長大，為他訂婚成家。父親對於孩子，信任不疑，親自指導；從不會責罵孩子，更不會鞭打幼兒；細心聽取兒子委婉的規勸，不讓兒子為父親擔憂，這就是做父親的道理。

說明　這裏分析父母對子女的應盡責任：有育，有管，有教，也有愛。

古語有云:「棒下出孝子,箸頭出忤逆。」「不打不成器。」「棍棒底下出孝子,黃荊條下出好人。」受到這些話語的影響,有人主張教導孩子必須嚴格。雖然未至於動輒藤條侍候,但縱容孩子,過分溺愛,飯來張口,衣來伸手,就會養成孩子驕縱叛逆的性格。《三字經》開宗明義説:「養不教,父之過。」彷彿孩子的成功與失敗,完全取決於老父的管教。這無形中給天下的父親帶來無窮的壓力。做父親的自然望子成龍,日夕盼望孩子聰明成器,不知已費盡了多少心力;一旦孩子出現了問題,自己反而負上最大的責任,豈不哀哉!

反過來從孩子的角度看,父親的威權往往讓他們難以消受。《弟子規》説:「父母責,須順承!」事事承顏候色,今天的孩子一定不幹。我們不是經常強調,每個孩子都是獨立的個體嗎?試看《封神演義》中的哪吒。粵語歌曲有「哪吒不怕海龍王」的名句,後生小子彷彿天不怕,地不怕。好一個哪吒,卻在戲水時誤殺了東海龍王三太子,闖了彌天大禍。父親李靖為息事寧人,逼哪吒服罪。哪吒為免連累父母,願意「削骨還父、割肉還母」。李靖卻不知好歹,竟阻止哪吒還陽。後來太乙真人幫助哪吒,藉蓮花代替軀體重生。結果哪吒又跑去找父親復仇了。李靖雖然

不敵，幸得燃燈道人贈他寶塔，將哪吒收服於塔內，從此父子言歸於好。這樣的故事似在告訴大家，如何桀驁的魔童，始終鬥不贏長輩手上的法寶。在傳統家庭中發生父子衝突，低頭讓步的只能是孩子。

當然也有豁達的人，釋下了嚴父的包袱。陶潛就有《責子》一詩：「白髮被兩鬢，肌膚不復實。雖有五男兒，總不好紙筆。阿舒已二八，懶惰故無匹。阿宣行志學，而不愛文術。雍端年十三，不識六與七。通子垂九齡，但覓梨與栗。天運苟如此，且進杯中物。」陶潛育有五個兒子，卻都不愛好學習。長子阿舒已經十六歲，卻十分懶惰；次子阿宣對讀書不感興趣；阿雍與阿端是雙生子，到了十三歲還不識字；最後是年約九歲的么子阿通，成天除了找梨子和栗子吃外，也沒甚麼會做的事。有趣的是陶淵明面對這樣的五個活寶，也不生埋怨，只叫自己多喝兩杯下肚。其實在這位父親眼中，完全掌握了孩子的各自特點，文字在俏皮中也隱含了關愛之情。

不過，仍然有人主張父子之間的關係，不能太過親近和隨便。《顏氏家訓‧教子》說：「父子之嚴，不可以狎；骨肉之愛，不可以簡。簡則慈孝不接，狎則怠慢生焉。」那麼，父子之間的輕鬆調笑，豈不都被禁止了？由於互不了解，父親容易對孩子產生不滿，甚至來一頓「愛

之深，責之切」的責打，一時氣惱下手重了，就很可能傷了孩子的身體。那該死的《弟子規》又說：「身有傷，貽親憂。」給父親打傷，犯錯的竟然又是孩子！然則，孩子到底該怎樣做，才算是盡到了孝道？原來，二千多年前，孔子已經給出了答案。

《孔子家語》記載了一個「曾子受杖」的故事。一天，曾子（參）與父親曾晳一起在瓜田除草，不慎割斷了瓜根。曾晳怪責兒子做事粗手粗腳，舉起手上大杖劈頭就打，曾子竟不躲不閃，結果昏倒在瓜田上。曾子清醒後馬上想到了父親，要向父親請罪。他隨後操琴唱歌，間接告訴父親自己身體沒事，讓他安心。孔子平時教學生盡孝，曾子受杖理應受到夫子稱讚；可曾子去向老師請安時，老師居然連門都不讓他進。曾子當然覺得自己沒有做錯，後來孔子解釋說：「小杖則受，大杖則走。今參委身待暴怒，以陷父不義，安得孝乎！」這時曾參才徹底明白。

真正的孝道，不僅僅是表面的「恭順」，更重要的是既要善體親心，也不能讓父母的德行受損。父母有過，並非假意曲從，而是好言相勸。如果父母氣在心頭，也不能完全逆來順

受，而是見機行事。小的責罰，能承受的就等着受罰；可如果掄着大棒，就應該馬上躲開。至於曾參，不知愛惜身體，迎着父親盛怒，不作迴避。倘若真的死了，那不是陷父親於不義嗎？這對兩人也沒有好處。

　　親子之愛是一種雙向的親情關係，位置雖有高低，感情卻是平等的。墨子說：「為人父必慈。」《大學》也說：「為人父，止於慈。」父慈子孝，實根源於父母對子女的無私愛護，與子女對父母的感恩回饋。為人父母者，倘能以身作則，做好榜樣，就更能讓子女產生一種人格的認同，達於既愛且敬了。

想一想　李靖和陶潛，代表了兩種類型的父親，你較喜歡哪一種類型？試加說明。

母慈子孝

1.4.1 凱風自南，吹彼棘心。棘心夭夭，
母氏劬[渠]勞。
凱風自南，吹彼棘薪。母氏聖善，
我無令人。
爰[援]有寒泉？在浚之下。有子七人，
母氏勞苦。
睍[演]睆[浣]黃鳥，載好其音。有子七人，
莫慰母心。

《詩經·邶風·凱風》

1.4.2 曰：「凱風何以不怨？」曰：「凱風，
親之過小者也；小弁[盤]，親之過大者
也。親之過大而不怨，是愈疏也；親
之過小而怨，是不可磯[機]也。愈疏，不
孝也；不可磯，亦不孝也。」

《孟子·告子下》

語譯　煦煦和風自南方，輕拂棗樹嫩芽上。棗樹芽心嫩又壯，母親育兒照顧忙。

煦煦和風自南方，輕拂棗樹粗枝椏。母親聰明又美善，兒子不好不怨娘。

寒泉之水透心涼，源頭就在浚土上。母親養兒共七個，操勞艱苦累壞娘。

黃鳥翻飛婉轉唱，歌聲悅耳真嘹亮。母親養兒共七個，難慰母心不應當。

說明　詩人在夏日感受到南風吹拂，看到棗樹在和風中發芽成長，聯想到母親養育子女的辛勞，觸景生情，創作了這首詩。據說這位母親不能自守和安於其室，但詩人不生怨恨，反而歌頌母親養育之恩，並自責劬勞未報。

語譯　公孫丑說：「《凱風》這首詩為甚麼沒有埋怨的情感呢？」孟子說：「《凱風》這首詩，母親的過錯很小；《小弁》這首詩，父親的過失可大了。父母犯大錯，子女不抱怨，那是愈見疏遠；父母過錯小，卻去抱怨，那是不可惱激了。對父母疏遠決絕固然不孝，不可惱激也是不孝啊！」

說明　《小弁》詩人埋怨無道的周幽王，即仍然視他為君父；倘若不生埋怨，就等於把親情割斷，形同陌路了。《凱風》詩人的母親雖有小過失，但通篇都是開解母親和自責之辭；人誰無錯，一味惱恨而不知親愛，也是不孝的表現。《詩經》這兩首詩給我們甚麼啟示？父母縱有犯錯，但無論所犯的錯有多大也不能割斷親情；倘若是小過失，我們當體念親恩，愈加親切慰解。

1.4.3 夫嚴家無悍虜，而慈母有敗子，吾以此知威勢之可以禁暴，而德厚之不足以止亂也。

《韓非子・顯學》

1.4.4 棟生橈[錨]，不勝任則屋覆，而人不怨者，其理然也。弱子，慈母之所愛也，不以其理下瓦，則慈母笞之[痴]；故其以理動者，雖覆屋不為怨。不以其理動者，下瓦必笞；故曰：「生棟覆屋，怨怒不及。弱子下瓦，慈母操箠[除]。」

《管子・形勢解》

1.4.5 孟子少時誦，其母方織，孟子輟然中[茁]止，乃復進，其母知其諠也[圈]，呼而問之曰：「何為中止？」對曰：「有所失，復得。」其母引刀裂其織，以此誡之，自是以後，孟子不復諠矣。

《韓詩外傳・卷九》

語譯　家教極嚴的家庭裏不會出現蠻橫兇悍的奴僕，但在慈母的溺愛之下卻會出現敗家子；我因此知道威嚴的權勢可以禁止暴力，而寬厚仁愛卻無法制止禍亂。

說明　韓非的辦法比較急功近利，為達到目標而採用嚴厲的手段，但卻忽略了情感教育的重要。父母和子女之間並非一種威權的關係，而是親情的聯繫。

語譯　屋柱是新伐的彎曲木材，不堪負荷而房子倒塌，人們無法埋怨，這是理該如此的。幼小兒子，是慈母最鍾愛的；他無緣無故跑去拆下屋瓦，慈母也要拿棍子打他。故理該如此的，即使房子倒坍也不生埋怨；至於不合理的事情，如拆下屋瓦就非教訓不可。所以說：「劣材毀屋，無可埋怨；愛子拆屋，慈母執鞭。」

說明　換言之，母親的慈愛並非必然，主要決定於孩子的行為表現。

語譯　孟子年少時背書，母親正在織布。孟子突然停止誦讀，過了一會兒才繼續讀下去。孟母知道他因分心而忘記內容，於是叫孟子來問話：「為甚麼在中途停頓呢？」孟子回答：「有所忘記，然後又記起來。」孟母於是拿刀割斷她剛織好的布，藉此訓誡孟子做事要堅持，不可毀於一旦。從此以後，孟子再也不敢在讀書時不集中精神了。

說明　斷布教子的故事，說明孟母教導孩子，既有言傳身教，也有嚴格要求。

西漢劉向著有一本《列女傳》，當中有一卷《母儀》，介紹了秦漢以前那些偉大母親的故事。例如有一篇「棄母姜嫄」：傳說這位活潑的女孩姜嫄一天到外面遊玩，卻「行差踏錯」，偏踩到上帝（帝嚳）的巨大腳印，回家後竟然神奇懷孕，誕下了一個孩子，就是周民族的始祖后稷。后稷名「棄」，據《史記》的解釋，那是因為他在嬰孩時曾遭遺棄，其實是一個棄嬰。《詩經・大雅・生民》就將這個姜嫄與后稷的故事刻畫得繪影繪聲：「誕寘之隘巷，牛羊腓字之。誕寘之平林，會伐平林。誕寘之寒冰，鳥覆翼之。鳥乃去矣，后稷呱矣。」當初把后稷棄置小巷，牛羊成群跑來庇護和餵養他；又將后稷扔到樹林中，遇上樵夫被救起；又置后稷河冰上，大鳥暖他覆翅翼；大鳥終於飛去了，后稷這才哇哇啼。姜嫄得知後，懂得這是神靈的安排，便將孩子抱回家精心撫養教育。

《列女傳》又有一篇「周室三母」，講述周文王妻子太姒、母親太任和祖母太姜的故事。三位母親合稱「三太」，成為中華民族賢妻良母的典型。她們都長得慈眉善目，藉母親的慈愛激發兒子的潛力，教養他們成為偉人，成就大業，可謂母儀天下。《列女傳》說：「三姑之德，亦甚大矣！」由於「三太」名字中都有個「太」字，後

世於是以「太太」作為已婚女性的尊稱。今人大多稱呼妻子為「老婆」「愛人」，固然甜蜜，卻少了「太太」那一份典雅和含蓄。

不過，在這些慈母形象的背後，也有人提出另類觀點。例如韓非說：「夫嚴家無悍虜，而慈母有敗子。」（1.4.3）司馬光也說：「為人母者，不患不慈，患於知愛而不知教也。」（《家範》）所謂慈母多敗兒，豈不令人怵然為戒！反觀今天社會，大家急功近利，爭着做狼媽虎爸，總認為愛心教育搔不着癢處，因為「知愛而不知教」。試看看《左傳》「鄭伯克段于鄢」這個故事，故事涉及一位母親與兩個孩子。

這位母親的名字叫姜氏。她生下鄭莊公時，因為難產，受到驚嚇，從此厭惡莊公，卻偏愛小兒子共叔段，想把共叔段立為太子。她多次奏請武公，武公都不答應。後來莊公即位，姜氏愈發縱容共叔，讓他胡作非為。臣下勸莊公收拾共叔段，莊公就是不管，刻意地姑息養奸。直到共叔段膽子大了起來，修兵反叛，姜氏更作為內應。可惜他們的政變盤算，正好跌進莊公「多行不義必自斃」的陷阱當中，共叔段慘遭大敗。

莊公餘怒未息，將母親姜氏放逐於城潁，更發誓說：「不及黃泉無相見也。」說完之後，就有了悔意。

潁考叔得知此事，求見莊公。莊公賜給他食物，他吃的時候，故意把肉留下。莊公問他原因，潁考叔試探說：「我家有老母，沒品嘗過這般食物，請求賜給她老人家。」莊公歎息說：「你有食物可以給母親，我卻不能。」潁考叔琢磨莊公話中含意，即「親之過大而有怨」，尚有迴旋餘地。於是說：「您還有甚麼顧慮呢？就因先前那一句誓言？只要挖地及泉，母子在隧道中相見，就沒有違反誓言了。」母子之間又怎會有「隔夜仇」？莊公聽從了他的話，結果母子兩人重歸於好。莊子說：「人親莫不欲其子之孝，而孝未必愛。」（《莊子·外物》）做父母的總要求子女孝順，但孝順的子女未必得到父母的歡心，往往衍生許多家庭悲劇。像鄭莊公這般母子冰釋前嫌，實屬萬幸。至於共叔段的慘敗收場，則正好應驗了「慈母多敗兒」的詛咒。

　　其實正如管子所說：「生棟覆屋，怨怒不及。弱子下瓦，慈母操箠。」(1.4.4) 明智的母親不會無故責罰子女，也不應刻意縱容子女。試看看我國歷史上的「四大賢母」，即：「斷布教子」的孟子母親、「封鮓退鮓」的陶侃母親、「畫荻教子」的歐陽修母親、「刺字報國」的岳飛母親，這四位偉大的母親都有着共同的特點，就是對子女的行為和學業督促甚嚴，對子女的品格和成就

寄予殷切厚望。對於子女，父母不能放縱而不管，但管教當中也必須包含着關懷與愛護。在恩威並施下，孩子當能走上正確的人生道路。《顏氏家訓‧教子》説：「父母威嚴而有慈，則子女畏慎而生孝矣。」父母只要不失威嚴，再加上慈愛，子女自然敬畏謹慎而懂得孝順父母了。

總之，天地之間如果有人義無反顧地幫助我們，照顧我們，那必然是自己的父母。《淮南子‧繆稱訓》也説：「慈父之愛子，非為報也，不可內解於心。」父母愛子，沒想過獲取回報，只是無法拋開心中那份親愛之情罷了。唐代詩人孟郊《遊子吟》：「慈母手中線，遊子身上衣；臨行密密縫，意恐遲遲歸；誰言寸草心，報得三春暉。」慈母一心一意，都在子女身上，這種愛有如春日暖陽般和煦博大；子女感恩的心事，卻卑微得像浴着陽光的一根小草。這幾句詩，情深款款，不懂得愛父母的人，怎會明白？

想一想　司馬光說：「為人母者，不患不慈，患於知愛而不知教也。」你認為教導子女，究竟「愛」重要，抑或「教」重要？試加分析。

1.5

家肥屋潤

1.5.1 四體既正，膚革充盈，人之肥也。父子篤，兄弟睦，夫婦和，家之肥也。大臣法，小臣廉，官職相序，君臣相正，國之肥也。天子以德為車、以樂為御，諸侯以禮相與，大夫以法相序，士以信相考，百姓以睦相守，天下之肥也。是謂大順。

《禮記‧禮運》

1.5.2 子曰：「君子之事親孝，故忠可移於君。事兄悌，故順可移於長。居家理，故治可移於官。是以行成於內，而名立於後世矣。」

《孝經》

1.5.3 父父、子子、兄兄、弟弟、夫夫、婦婦，而家道正；正家，而天下定矣。

《周易‧家人卦‧象傳》

語譯　四肢健全，肌膚飽滿，這是強健的身體。父子情深，兄弟和睦，夫妻和順，這是健康的家庭。大臣守法，小官廉潔，官員上下有序，君臣互相匡正，這是強大的國家。天子以君德為戰車，以樂教為驅動，諸侯依禮交往，大夫據法行事，士人誠信相待，百姓和睦共處，這是健全的世界。這也是大順的境界。

說明　父子、兄弟、夫婦的關係，構成了家庭。各成員之間，相親相愛，和睦共處，是健康家庭的重要基礎，也是國家強大，天下大順的基礎。

語譯　孔子說：「君子能孝順父母，忠誠之心可移作奉事君主。他奉事兄長能懂得服從，和順之心可移於奉事長上。在家做事有條理，這種處事能耐可移作辦理公務。故此，一個人的才幹，實成就於家庭之內，而忠孝之名得以傳揚於後世。」

說明　守孝道，遵悌道，學齊家等，都發生於家庭的場景之中。故此，家庭不僅僅是我們生活的地方，也是培養個人品德和才幹的處所。

語譯　做父親的盡父道，做兒子的守孝道，做兄長的愛護弟弟，做弟弟的敬重哥哥，做丈夫的恰如其分，做妻子的展現婦德，這樣家庭就穩定了。家庭都穩定下來，那天下也趨於安定了。

說明　家庭之中，每一個人都有不同角色。只要各人安守本分，家庭就不會發生問題。一國之內，家家興旺，和平穩定，也是國家和平安定的基礎。

家肥屋潤

1.5.4　積善之家，必有餘慶；積不善之家，必有餘殃。臣弒其君，子弒其父，非一朝一夕之故，其所由來者漸矣，由辯之不早辯也。

《周易·坤卦·文言》

1.5.5　五畝之宅，樹之以桑，五十者可以衣帛矣；雞豚狗彘[字]之畜，無失其時，七十者可以食肉矣；百畝之田，勿奪其時，八口之家可以無飢矣；謹庠[場]序之教，申之以孝悌之義，頒白者不負戴於道路矣。

《孟子·梁惠王上》

語譯　積德行善的人家，一定有福澤留給子孫；積惡敗行的人家，一定會給後人帶來禍殃。臣子殺害國君，兒子殺害父親，那不是一時間偶發的事件，而是長期逐步發展的結果，關鍵在於沒有及早明察罷了。

說明　所謂「物必先腐然後蟲生」，平時沒有做好防微杜漸，一旦惡貫滿盈，就悔之已晚。管好一個家庭，也是這樣。家人樂善好施，廣結善緣，自然福澤綿綿；家人多行不義，誤己害人，自然遺害深遠。

語譯　有五畝宅園，種植桑樹，那麼五十歲的老人，都可以穿上絲棉襖了。養雞呀，養豬呀，沒有打亂飼養步調，那麼七十歲的老人家都有肉可吃了。有百畝的耕地，不要去妨礙他們的生產，那麼幾口人的家庭可以吃得飽了。辦好學校教育，反覆申明孝悌的道理，那麼鬢髮花白的老人就不致費力操勞、奔走路上了。

說明　國家有好的經濟政策，讓人民安居樂業，自能足食足衣。但更重要的是在地方辦好教育，讓老百姓懂得孝悌的道理。那麼照顧老弱的責任也由家庭負起了。

春節期間，家人都會互相祝福，説一些吉利話，例如「滿堂吉慶」「和氣生財」「家肥屋潤」等，祈求新的一年闔家平安、生活美滿。有人説：這些話語太俗氣了，富貴吉祥怎麼能唸誦兩聲就可以獲得。其實大家都誤會了這些話語背後的意義。所謂「滿堂吉慶」，皆因家人行善積德，當能趨吉避凶，家宅平安；要做到「和氣生財」，先要大家和和氣氣，不要鬥氣生氣；至於「家肥屋潤」，是指家人間和睦共處，自然好事連連。俗語有云：「家和萬事興，家衰口不停。」家人間吵吵鬧鬧，互不相讓，這個家又如何維持下去呢？

「家」的觀念，古今不同。古人講聚族而居，數世同堂，許多人住在一起不分家，其實等於一個家族。據説清朝乾隆皇帝七十四歲時已五代同堂，到他逝世時還想見到六代同堂哩。今人聚居城市，大多遲婚，「家庭」的意義自然不同了，例如：小家庭化、核心家庭化、少子化等，跟古人嚮往的大家庭不可同日而語。固然，古代的大家庭給人封建的印象。正如《周易》説的：「父父、子子、兄兄、弟弟、夫夫、婦婦，而家道正；正家，而天下定矣。」(1.5.3) 簡而言之，就是一套長幼有序、男尊女卑的家庭倫理。所謂「家有千口，主事一人」，輩分最高的家長手握主宰眾人

的權力，儼然是一個小型王國的君主。不過，古代家庭強調「父慈子孝」「兄友弟恭」「夫義婦順」等倫理準則，在當時的情境裏，的確有着穩定社會、安邦治國的功能。

古代家庭以長輩為中心，今天家庭以孩子為中心。我們不要嘲笑古代的家長是暴君，因為有人說今天的暴君正是孩子。也許有些人覺得這只是開玩笑罷了，但這個玩笑背後正好點出家教的重要性。古人重視家教，所謂「詩禮傳家」，子弟大多知書識禮；今天父母忙於工作，疏忽了家庭教育，孩子在行為上出了偏差，父母往往想補救卻不知從何入手。這當然是一個籠統的說法，不能一概而論，而且，今天好孩子也不會比古代少。只是幼承庭訓，重視家教，的確有其作用。

古代家庭，常有「家訓」留存，大多勉勵子孫，行善修德。例如南北朝顏之推所撰的《顏氏家訓》，當中蘊涵了豐富的家庭倫理思想。作者自言寫作目的是「整齊門內，提撕子孫」，並在《教子》篇舉出了兩個例子加以說明。大司馬王僧辨的母親魏老夫人，品性嚴謹。王僧辨在溢城駐守時，已年過四十，統率三千將士，但稍不合意，老夫人還是拿棍子教訓他。梁元帝時，有一位學士，聰明伶俐，被父親嬌寵慣了，缺乏教養。但凡他說對了一句話，做父親的就到處誇耀；做錯了一件事，就設法為他掩飾，希望他能自行改過。長大之後，這人越是狂暴傲慢，最後因為說話不檢點，得罪權臣周逖，慘受抽腸破肚的酷

刑。從這兩個小故事,可以看出古人的家教觀和教子之方。自古寵子未有不驕,驕子未有不敗。父母愛護子女,就要用正確的方法教育孩子。今天當然不能棒打孩子了,但仍然可以教導他們正確的道理;反之,寵溺過多就不利於孩子的健康成長。

古代雖然家教甚嚴,孩子反而對家庭有着強大的向心力。首先是依戀家庭,重視闔家團圓。所謂「在家千日好」「樹高千丈,落葉歸根」,一個人離家多年,在外面無論如何顯達,最終也要回到自己的家庭。正如漢代大文豪司馬相如説的「梁園雖好,不是久戀之家」,梁園恁是華美,也不如自己老家的好。古人能夠像大禹那般,公爾忘私,三過家門而不入的人,實在太少了。一年到晚工作,秋收過後,能一家人團聚一起,那是最大的快樂。其次是慎終追遠。所謂「前人種樹,後人乘涼」,今天的一切,都是前人努力耕耘的成果。故此,家庭的祭祀活動和清明掃墓,都源於對祖先的尊敬。曾子説:「慎終追遠,民德歸厚矣。」(《論語·學而》)因此,家庭的意義不僅僅是橫向地連結着不同親疏關係的親族,還縱向地連繫了生與死,父祖和子孫。

古人對家庭有着無盡的責任：子對父盡孝，婦對夫盡順，弟對兄盡悌；反過來看，父親、丈夫、兄長也各有義務。另一重要責任是傳宗接代、開枝散葉。家庭成員有責任生兒育女，保存宗族血脈，務使人丁興旺。古人膜拜「福祿壽」三星，居首的「福星」，正是「多子為福」。此外，家庭成員更要光耀門楣。《史記》作者司馬遷在《太史公自序》引用父親臨終囑咐：「揚名於後世，以顯父母，此孝之大者。」可見太史公畢生成就，亦與此有着密不可分的關係。家大業大，固然有利於子孫出人頭地；但冀求光宗耀祖，也給予子孫無盡的壓力。

總之，在古代，每一個人的思想、行為、情感與生活，無不受到家庭的影響，他的一生也大部分消磨在家庭裏。到了今天，時移世易，家庭已不復這種半封閉的方式。父母都鼓勵孩子大膽地向外闖，投身社會，貢獻國家，造福世人。但與此同時，古代家庭的家教方式，人際相處的倫理思想，至今仍然有着深遠的意義。那都是值得我們學習和反思的。

想一想

古人愛家庭，冀求「闔家團圓」「慎終追遠」「開枝散葉」「光宗耀祖」等。在今天的小家庭裏，是否已不再講求這些價值了？試加分析。

　　古人講孝道，有一些原則和今天的價值觀頗有出入，甚至違反了今天的法律觀點。例如「父子相隱」，也就是父子或祖孫之間，互相隱匿犯罪，決不告發對方，即使出庭作證，證供也不被接納。例如葉公告訴孔子，他家鄉有一位正直的人，父親偷羊，兒子告發了他。孔子回應時指出，他家鄉的人，對正直的理解與此不同：父親會為兒子隱瞞，兒子會為父親隱瞞，而正直就在當中了。

　　另外，作為兒女的，必須事事稟明父母，要做甚麼重要決定，也必須得到父母同意。今天社會重視個人私隱和自由，身為父母也不能隨意操縱孩子的一切。孔子曾說過父母在世時，不要走遠，即使遠走時，也必須留下地址。但今天的孩子，只想着擴大自己的私人空間，一旦長大了，更不想讓父母處處管束着他們。成年後跟伴侶去外地旅行，甚至決定移民海外，哪有先取得父母批准的？

　　《論語》以下這兩則記述，在今人眼中實在難以想像。

原文 葉公語孔子曰：「吾黨有直躬者，其父攘羊，而子證之。」孔子曰：「吾黨之直者異於是。父為子隱，子為父隱，直在其中矣。」（《論語・子路》）

原文 子曰：「父母在，不遠遊，遊必有方。」（《論語・里仁》）

　　另一方面，孩子犯錯，身為家長的應該怎麼辦？《左傳》中有一篇《石碏諫寵州吁》，記載衛國賢臣勸戒兒子不可協助衛公子州吁篡逆，最後採取了大義滅親的做法。

原來衞莊公寵愛姬妾所生的兒子州吁，無論州吁行為有多放誕，莊公都不加禁止。石碏擔心姑息足以養奸，只好規勸莊公，指出一個人真正愛護自己的孩子，就要教導他做人的正當道理，寵溺太過就會養成驕傲、奢侈、淫蕩、放縱等惡習，不利於孩子的健康成長。可惜衞莊公未能及時醒悟，終於自食惡果。連石碏的兒子石厚，也跟州吁混在一起。石碏多次勸戒，石厚就是不聽。到了衞桓公即位，石碏惟有告老還鄉。豈料州吁膽子太大，竟然殺了衞桓公，並取而代之，但他始終無法獲得衞國人民的擁護。這時石厚幫助州吁，向石碏請教治國之道，其實是拉攏父親出山幫忙。石碏於是將計就計，抓住州吁和石厚。最後州吁死於衞人手上，石厚也被父親的家臣所殺。

《左傳》也記載了同一期間另一位父親——士會的故事。士會（又稱范武子）曾任晉國的執政，戰功顯赫，謀略無雙，但為了維護國家團結，自己退了下來，把執政地位讓給了郤克。可他雖然退休了，兒子士燮（又稱范文子）每天上朝回來，他都仔細查問，給予指點。有一天，士燮很晚才退朝回來，士會問他原因，士燮回答有位秦國來的客人在朝中講隱語，大夫中沒有一個能夠破解，而他卻一下子弄清楚其中三條。士會怒不可遏，說大夫們並非不懂回答，只是長官在堂，出於謙讓不說罷了。士會教訓兒子，切不可爭先好勝，掩蓋他人風光，倘沒有父親作靠山，他早就完蛋了；說着就拿手杖打兒子，把士燮玄冠上的簪子都給打斷了。後來士燮隨晉軍外出打仗，大勝回

國。士會在城樓上等呀等，等到最後才見兒子入城。士會責怪兒子，問他知不知道父親多麼盼着他回來。士燮解釋這次打了勝仗，是主帥郤克的功勞，他怎麼能搶先入城，代替統帥接受榮譽，獨佔所有光采。士會這時才明白兒子的用意，説兒子懂得這樣做，必然可以免於禍患了。

　　有關「石碏諫寵」和「士會教子」的故事，同學可以參考以下幾則記述：

原文　公子州吁，嬖人之子也，有寵而好兵，公弗禁。莊姜惡之。石碏諫曰：「臣聞愛子，教之以義方，弗納於邪。驕、奢、淫、泆，所自邪也。四者之來，寵祿過也。」……弗聽。其子厚與州吁游，禁之不可，桓公立，乃老。（《左傳‧隱公三年》）

原文　范文子暮退於朝。武子曰：「何暮也？」對曰：「有秦客廋辭於朝，大夫莫之能對也，吾知三焉。」武子怒曰：「大夫非不能也，讓父兄也。爾童子，而三掩人於朝。吾不在晉國，亡無日矣。」擊之以杖，折委笄。（《國語‧晉語五》）

原文　晉師歸，范文子後入。武子曰：「無為吾望爾也乎？」對曰：「師有功，國人喜以逆之。先入，必屬耳目焉，是代帥受名也，故不敢。」武子曰：「吾知免矣！」（《左傳‧成公二年》）

你認為古人講「子為父隱」「父母在，不遠遊」，
背後的道理是甚麼？這些原則放在今天，是否
都已過時了？試加分析。

從石碏和士會的故事，可以看出古人的家教觀
和管教之方。你對兩位父親各有何評價？他們
的教子方法在今天是否仍然可行？

你認為古人講「子為父隱」「父母在，不遠遊」，背後的道理是甚麼？這些原則放在今天，是否都已過時了？試加分析。

子為父隱

「子為父隱」故事突出了一個「親親相隱」的命題。原來古代有所謂「親屬容隱」制度，主要用來解決法律與親情相衝突的兩難處境。故事是這樣的：葉公告訴孔子說：「我那裏有一個直率坦白的人，他父親偷了羊，他便告發。」孔子說：「我們那裏直率坦白的人和你所說的不同；父親為兒子隱瞞，兒子為父親隱瞞，而直率就在當中了。」其實，葉公說的「直」，與孔子說的「直」，完全是兩回事。葉公說的是「理直」，孔子說的是「情直」。葉公認為指證父親偷羊，這是事理上的正直誠實；孔子指出為父親隱瞞，那是情感上的率直真實。簡而言之，「子為父隱」有着以下幾方面的考量：

❶ 父為子隱，子為父隱

古代傳統是「以禮治國」。一個家庭就像一個微型的邦國，家庭中人與人的關係通過人情和禮教加以調節，並非事事講求法律。所謂「國有國法，家有家規」，家規建基於尊卑長幼之分，目的是鞏固倫常和親情，藉此加強宗族團結。《禮記・喪服四制》指出：「門內之治，恩掩義；門外之治，義斷恩。」家族內部的管理是用「親情」掩蓋

「道義」，家族以外的治理是用「道義」切斷「恩情」。換言之，在家裏是情重於理，在社會裏是理重於情。倘若兒子逆倫告發父親，就是打破家庭的和睦關係，把恩情置之不顧了。

❷ 直在其中矣

中國傳統的道德是從情出發的，與西方從理出發不同。父母無不愛子女，子女無不愛父母，這些真情實感是「慈」和「孝」的基礎。故「親親相隱」正好反映了情感上的率直真實，否則，那就是虛偽矯情了。一個情感正常的人，愛他的父母，怎會忍心告發父親偷羊呢？反之，一個告發父親偷羊的人，一就是喪心病狂，一就是不知作何居心，那已是壞了品格，虛偽失真，他的話自然不可信，故此，以子證父在法律上就失去了效力。只有「父為子隱，子為父隱」，才合乎真實的倫常感情，也是一種道德感情，那當然是正直的人了。

❸ 其父攘羊，而子證之

一旦國法和親情出現了衝突，父親要揭發兒子，兒子要指證父親，弟弟要檢舉哥哥，哥哥要控訴弟弟，丈夫告發妻子，妻子舉報丈夫，試想想，到了這樣一種境地，那還有甚麼親情可言？家庭內部，人人自危，家不成家，每一個人都要受苦。由於父子、夫婦的親情和關係是倫常的核心價值，它是家庭的根本，也是仁和禮的基礎。破毀這

個價值系統，等於從根本上破壞了倫常關係，儒家經常強調的道義和仁德也因此動搖了。

反之，法家對於儒家這種枉法徇情的態度，是斷然反對的。《韓非子・五蠹》說：

原文 「楚之有直躬，其父竊羊而謁之吏，令尹曰：『殺之！』以為直於君而曲於父，報而罪之。以是觀之，夫君之直臣，父之暴子也。魯人從君戰，三戰三北，仲尼問其故，對曰：『吾有老父，身死莫之養也。』仲尼以為孝，舉而上之。以是觀之，夫父之孝子，君之背臣也。故令尹誅而楚姦不上聞，仲尼賞而魯民易降北。」

譯文 楚國有一個行為正直的人，他的父親偷了別人的羊，他就到官吏那裏去告發。豈料令尹說：「殺掉這個兒子！」令尹認為這個告密的兒子，雖然對國家正直，但卻對不起自己父親，正因偷偷告密把父親害慘了。由此看來，國君的正直忠臣，也是父親的暴逆之子。看那魯國人跟從國君去打仗，三次打仗，三次逃跑。孔子問他甚麼原因，他說：「我有老父，如果死了，誰來照顧他哩？」孔子認為他孝順，把他舉薦給朝廷。這樣看來，父親的孝子，同時是國家的叛臣。故此，令尹誅殺那個告密的兒子，從此楚國的姦情再沒有人舉報了；孔子讚賞那個做逃兵的兒子，從此魯國人民打仗時都跑掉了。

韓非質疑儒家的有以下兩點，他認為：

❶ 儒以文亂法

人民犯法當罰，而儒者往往掩罪飾非，不去責罰偷羊的父親，卻去怪罪告發的兒子，在法律上是是非顛倒。

❷ 公私之相背

國家需要人民告密，以維持管治，哪怕舉報的是自己親人；國家需要人民獻身，以保家衛國，哪怕丟下年邁父母不理。

總之，在反對法外之情這一點上，韓非的意見是有參考價值的。古人面對「忠孝不能兩全」的兩難處境，放在今天，就是法律與親情的衝突。所謂法不徇情，我們如果隱匿親人犯罪，這當然違反法治，也不是良好公民見義勇為的做法。例如兒子在超市偷東西，父親替他隱瞞，很有可能會導致兒子成為慣犯，最後一錯再錯，惡貫滿盈，終於難逃法律的制裁。這就是「愛之不當，反成害之」了。另一方面，孔子時代與今天社會，基於歷史背景和社會環境的不同，我們很難判斷「父為子隱，子為父隱」這句話在特定情境下的對與錯。但後來的儒家也逐步修正了，例如在「忠孝兩難」的處境下，把「告密」兒子視為「大義滅親」，從中反映了由「先家後國」到「先國後家」的歷史轉變。

父母在，不遠遊

孔子這句話意即：當父母健在時，子女的義務，便是在家陪伴父母，與父母一起生活。當中隱含的道理是：

● 做兒女的須負起贍養父母的責任；
● 做兒女的須照顧父母的起居生活；
● 做兒女的須避免父母因子女遠遊而擔心，等等。

當然，孔子沒有反對兒女在有了正當人生目標時外出奮鬥，例如求學、工作、出仕等。但有一個條件，就是子女出遠門要「遊必有方」。無論遊子跑到哪裏，都要讓父母知道你的所在，不時通個音信，這樣才能讓父母少一分牽掛，多一分安心。

有人說：這句話今天已不再適用了。現代社會，交通發達，飛機高鐵，可以朝發夕至；至於通訊方式，更是日新月異，層出不窮。子女為生活打拼，工作辛勞，不可能每天守在父母身邊。不過，孔子這句話的重點，不在彼此地域相距的遠近，而在親情相隔的遠近。換言之，孔子所強調的，是子女對父母的責任：

❶ 照顧父母

親子之間是一種緊密的關係，即使子女長大，也應奉養並孝順父母，經常見面，加強了解，不要讓父母覺得正在失去你。

❷　體諒親心

子女無論去到何處，也該有個準確地點或聯繫方式告知父母。父母有事的時候，能夠很快就聯絡上你。如果子女外遊，卻無法知道子女去處，那麼父母朝夕盼望，必定心急如焚。作為子女的又怎忍心讓父母牽腸掛肚呢？

❸　承擔責任

有學者認為「遊必有方」的「方」是指「方法」。父母年紀大了，必須好好照顧。子女外出或遠遊時，必須安排好照顧父母的「方法」，以盡孝道。

❹　珍惜親情

父母總有一天會老去。當我們事業有成，打算報答父母養育劬勞，但時間已經回不到過去了。所謂「樹欲靜而風不止，子欲養而親不待也」，這時候，心中剩下的就只有愧疚和傷心。現代資訊科技進步，即使分處兩地，我們仍然可以每天通過電話，向父母請安問好。

其實，孔子講「遊必有方」的道理，即使在今天，都非常實際和管用。希望今天的年輕人，仍能保持這種傳統美德。

從石碏和士會的故事，可以看出古人的家教觀和管教之方。你對兩位父親各有何評價？他們的教子方法在今天是否仍然可行？

石碏和士會都是春秋時代出色的政治家，他們都有一套教導孩子的方法，當中反映了他們的家教觀和教子之方，現分述如下：

石碏

故事中石碏不僅勸告衛莊公要好好教子，免招後患，對於自己兒子，也嚴肅教導：

❶ 深明教子之道

石碏深信一個人真正愛護自己的孩子，就要教導他做人的正當道理，寵溺太過就會養成驕傲、奢侈、淫蕩、放縱等惡習，不利於孩子的健康成長。

❷ 勸諫莊公教子

原來衛莊公寵愛姬妾所生的兒子州吁，無論州吁行為有多放誕，莊公都不加禁止。石碏擔心姑息足以養奸，只好規勸莊公。可惜衛莊公未能及時醒悟，終於自食惡果。後來州吁膽子越來越大，殺了衛桓公，並取而代之。但這樣殘暴的人，始終無法獲得衛國人民的擁護。

❸　無法管教兒子

石碏的兒子石厚，也跟州吁混在一起。石碏多次勸戒，石厚就是不聽。到了衛桓公即位，石碏知道已無法控制局面，惟有告老還鄉。我們無法知道石碏可有繼續勸戒兒子，但他最後應該無奈地放棄了。

❹　不惜大義滅親

這時石厚幫助州吁，向父親請教治國之道。石碏於是將計就計，使詐抓住州吁和石厚。最後州吁死於衛人手上，石厚也被父親的家臣所殺。

總結而言，石碏深明古代教子之道，但他無法教好自己兒子，而且對於兒子的失教，他作為父親也有部分責任。

以下用今日社會的教子方式來探討石碏教子的問題：

❶　家教方式

石碏表面懂得教子的道理，所謂教之以義方，藉此防微杜漸。他教莊公對兒子不可寵溺太過，相信他也用同樣方式教導兒子。但教導孩子，在管教之外，還要給予愛護和關懷，彼此要加強溝通和了解。可惜石碏處處顧全忠臣的體面，疾惡如仇，不假辭色，後來管不着就告老還鄉，放手不理，故石厚有一段時間完全失去父親的管束。

❷ 管教之方

石碏大義滅親、法不徇私的做法，放在今天也十分合理。只是他手法過於迅猛和激進了，甚至有點角色上的混淆。他又為人父親，又是檢控、法官、執法和劊子手。不義兒子自己殺，固然獲得大義滅親的名聲，但他使詐讓兒子走上絕境，而沒有在最後關頭，給予好好勸導，這確實不是一個好父親的做法。

石碏大公無私，又深明大義，可惜跟兒子缺乏溝通，也沒有好好跟進，終於鑄成大錯，為人父親者，必須警惕。

士會

士會曾任晉國的執政，懂得政治的複雜，於是急流勇退，並在退休後，一心一意教導兒子士燮。

❶ 關心兒子處事

他雖然退休了，但是兒子士燮每天上朝回來，他都仔細查問，給予指點。作為父親，關心兒子的事業發展，這是愛與關懷的表現，兒子是領略得到的。

❷ 嚴厲督促兒子

士燮退朝回來，説有位秦客在朝中講隱語，大夫中沒有一個能夠破解，而他卻一下子弄清楚其中三條。士會教

訓他不知謙讓，爭先好勝，掩蓋他人風光，倘沒有父親作靠山，他早就完蛋了；説着就拿手杖打兒子，把士燮玄冠上的簪子都給打斷了。士會使用體罰的方式，在今天固然不可取；但他先説明道理，才責罰兒子，這種做法能讓兒子吸取經驗，知所適從。

❸ 愛護掛念兒子

士燮隨晉軍外出打仗，大勝回國。士會等到最後才見到兒子入城，於是責怪兒子不懂體諒親心，表達父親多麼盼着兒子回來。這是一種明白的愛的教育，把心中的愛，宣之於口。其實古人較少把愛説出口，但今天我們十分鼓勵父母採取這種方式。

❹ 親子溝通了解

士燮解釋這次打了勝仗，是主帥郤克的功勞，他怎麼能搶先入城，代替統帥接受榮譽，獨佔所有光采。士會這時才明白兒子的用意，説兒子懂得這樣做，必然可以免於禍患了。由此可見，他們父子兩人，不僅常常互相溝通，而且能從對方角度去體諒和了解。

士會除了是名臣，也是個好父親。他教子固然嚴格，但關懷備至，責中有愛，尤其他善於與兒子溝通，對兒子不離不棄，這些教子方式在今天也十分管用。故士會作為好父親的榜樣，今天我們仍要好好學習哩。

敬師・尊賢

尊師重道
授業解惑
教學相長
亦師亦友
選賢與能

中國傳統，素來敬師、尊賢。誰人敬師？當然是學生。誰人尊賢？率先是君主。其實，敬師尊賢的還包括其他絕大部分的人。為甚麼？因為中華民族一向重視知識和品德，也講理想和能力。教師陶鑄學生的學識和人格；賢者成就當世的國運與功業。對於育人，對於興國，兩者都是關鍵角色。

五倫之中，沒有標出老師，也沒有抬舉賢士。但師生關係，屬於友道；賢者事君，入於臣道。師生相交，結緣知識，切磋砥礪，教學相長，是最純正的師友感情。賢者任事，為國為民，安定社稷，以報知遇，是最自信自強的政治家風範。師生共處，賢聖相逢，如魚得水，樂何如之！

根據字源，「師」的本義一說是「兵符」，又指權尊勢重的軍隊、軍師，後來再引申指教師。春秋時代，學術下移，孔子率先提倡平民教育，學生眾多，成為一時顯學，而孔子在後世也有至聖先師、萬世師表的稱號。故此，教師的地位，一向備受推崇。如果老師不受敬重，那就難以傳道授業了。

「賢」字的古文作「臤」。左邊「臣」字，象一隻豎立的眼睛，表示一個臣僕低着頭、斜着

眼，俯首聽候主子吩咐。右邊的「又」字是一隻手，代表能幹。「臣」和「又」，結合成「臤」，表示好部下，也就是好臣子。「賢」字下邊的「貝」字是後加的，表示理財治事等能力，故賢能的人必然德才兼備。可惜這個「賢」字，只有一隻手，並非三頭六臂。他既要斜眼屈身，服侍主子，往往又要為國斂財，為己謀利，少一點骨氣的人，腰板自然挺直不起來了。

我們今天讚美老師，説他春風化雨、桃李滿門。「桃李」的典故，出自春秋時代的子質。他栽培人才，桃李滿天下，可惜所樹非人，反受門生迫害。大臣趙簡子勉勵他：「夫春樹桃李，夏得陰其下，秋得食其實；春樹蒺藜，夏不得采其葉，秋得刺焉。」春天努力種桃樹、李樹，夏天可以納涼，秋天吃到果實；反之，春天種了蒺藜，夏天無葉可採，秋天長滿刺反而扎傷人了。教師固可作育英才，也會畫虎成狗，其地位之重要，可想而知。

沒有賢君，就沒有賢者。唐代詩人陳子昂有《登幽州台歌》：「前不見古人，後不見來者；念天地之悠悠，獨愴然而涕下。」像燕昭王那樣，築起黃金台，禮賢下士的聖君已不復見，往後也見不到求賢若渴的明君。作者想到天地悠悠無限，止不住熱淚縱橫。

所以，我們必須敬師，也要尊賢。

尊師重道

2.1.1

玉不琢，不成器；人不學，不知道。是故古之王者建國君民，教學為先。《兌命》曰：「念終始典于學。」其此之謂乎！雖有嘉肴，弗食，不知其旨也；雖有至道，弗學，不知其善也。故學然後知不足，教然後知困。知不足，然後能自反也；知困，然後能自強也，故曰：教學相長也。《兌命》曰：「學學半。」其此之謂乎！

《禮記·學記》

2.1.2

凡學之道，嚴師為難。師嚴然後道尊，道尊然後民知敬學。

《禮記·學記》

語譯　玉石不加雕琢，就不會製成好的器具；人不經過學習，就不會明白道理。故此，古代君王，建立國家，管治人民，首要之務是辦學施教。《尚書・兌命》說：「自始至終都想念着教學」，說的就是這個道理！儘管面前有美味菜餚，不吃不知味道美；儘管有高深的道理，不學哪知道理好。因此，通過學習才知道自己的不足，通過教人才懂得哪裏有困惑。知道自己學問的不足，才能反過來要求自己；知道困惑所在，然後才能不斷提升自己，所以說：教與學是互相促進的。《兌命》篇說：「教與學是同一個事情的兩個方面」，說的正是這個道理。

說明　《學記》是《禮記》（《小戴禮記》）中的一篇，是人類歷史上最早專門論述教育和教學問題的論文。它肯定了學習的重要，也突出了教學與學習的互相促進作用。

語譯　求學的道理，尊敬老師是最難做到的。老師受到尊敬，然後他傳授的學問道理才會受到重視。學問道理受到重視，人民才會認真學習。

說明　今天資訊科技發達，有人認為電腦可以完全取代教師的角色。但正如韓愈《師說》指出：「師者，所以傳道、受業、解惑也」，老師是傳授道理、教授學業、解疑析難的人，就這三項已絕非電腦所能一一做到的。

2.1.3　大學始教，皮弁[辯]祭菜，示敬道也；《宵雅》肄[義]三，官其始也；入學鼓篋[狹]，孫[遜]其業也；夏楚二物，收其威也；未卜禘[帝]不視學，游其志也；時觀而弗語，存其心也；幼者聽而弗問，學不躐[獵]等也。此七者，教之大倫也。

《禮記‧學記》

2.1.4　子曰：「自行束脩[修]以上，吾未嘗無誨焉。」

《論語‧述而》

語譯　　大學開學時，官員身穿禮服，備上祭品，表示尊師重道。學生吟誦《詩經·小雅》中《鹿鳴》《四牡》《皇皇者華》三篇，激發學優為官的心理。擊鼓召集學生，一起打開書箱，表示認真對待學業。教鞭戒尺，收整肅威儀的作用。春季入學，未至夏祭，不去考查學生課業，讓學生有充足時間安心學習。老師定時觀察，不作即時批評，讓學生自主努力。年紀小的學生先認真聽講，不讓他胡亂發問，因為學習要循序漸進。這七點就是教學的總綱領。

說明　　足見周朝開始，已經有嚴格的學校制度，有成熟的教育理論，有固定的教學程序。

語譯　　孔子說：「只要帶來十條乾肉作為見面禮，我從沒有不給予教誨的。」

說明　　孔子以前，行官學制度，即所謂「學在王官」。孔子開平民教育的先河，藉「六經」為教本，以「六藝」為課程，據說廣收弟子三千，身通六藝者有七十二人，儒學成為當時的「顯學」（顯赫一時的學派），足見孔子「有教無類」教學精神的成功。

2.1.5　子曰：「參乎！吾道一以貫之。」曾
子曰：「唯。」子出。門人問曰：「何
謂也？」曾子曰：「夫子之道，忠恕
而已矣。」

《論語·里仁》

2.1.6　子曰：「其身正，不令而行；其身不
正，雖令不從。」

《論語·子路》

2.1.7　國將興，必貴師而重傅；貴師而重
傅，則法度存。國將衰，必賤師而輕
傅；賤師而輕傅，則人有快；人有快，
則法度壞。

《荀子·大略》

語譯　孔子說：「曾參啊！我的學說始終貫穿着一個中心。」曾子說：「是。」孔子出去後，其他同學問：「那是甚麼意思？」曾子說：「老師所說貫穿着的道理，就是忠恕罷了。」

說明　忠由「中心」組成，中心不偏，就是盡己所能；恕由「如心」組成，將心比心，就是推己及人。我們既要全心盡力，做好自己；也要為人設想，愛人如己。

語譯　孔子說：「自己身正，即使不下達命令，群眾也會自覺去做；自身不正，即使下達了命令，群眾也不會服從。」

說明　要教導別人，先要修煉自己，做個好榜樣。如果自己做不到，又如何能夠要求別人做到？這就是「先正己，後正人」的道理。

語譯　要振興國家，先要尊敬老師；老師受到尊重，法令制度得以推行。國家趨於衰敗，一定輕視老師，老師不受尊重，人就會放縱性情；人肆意放縱，法令制度就不得不受破壞。

說明　荀子將老師與天、地、君、親並列，提出了「天地君親師」的序列，成為古代祭祀的對象。天地是生命的本源，君是政治的本源，親（先祖）是宗族的本源，師是人文教化的本源。社會不重視老師，群眾就會偏離正道了。故尊師重教，事關國家的興衰存亡。

談一談

今天，我們嚷着要尊師重道。在古代，一直強調師道尊嚴。究竟教師所傳的是甚麼「道」？「師」與「道」有甚麼關係？為何教師必須受到尊重？這些都是有趣的問題。

先談教師傳的是甚麼道。古代儒道墨法等九流十家，俱各有其道。今天的宗教、學術，以至技擊（例如李小龍的截拳道），也自有其道，似乎非「道」無以說明它的莫測高深。簡而言之，道就是路，一條讓人可以大步踏上的路，一條通向人生理想以至終極理想的道路。人們思想不同，理想各異，所走的路子自然有分別，但目標大抵都歸於人間有愛、促進平等和諧等。固然，這條路不能一下子走完，那要花上畢生的努力，未到最後一口氣，這條路還沒有到達盡頭；甚至要走到另一個世界，才能實現宗教的終極理想。但傳統文化所強調的，還是當下可以實現的價值，例如：孝道、友道、仁道，當然還有師道。

孔子是萬世師表，《禮記・中庸》談到孔子之道，說：「仲尼祖述堯舜，憲章文武。」這個道，就是效法堯舜的古道，並遵循周朝的典章禮制。堯舜禪讓，不講私利，天下為公，大家都聽過，那是偉大的人格。周文王、周武王，文才、武略，加上周公制禮作樂，艱苦籌謀，奠定

了我國文化的基礎。故此，孔子所追求的道，就是我國固有的文明文化、道德價值和政治理想等，都是一些穩定社會的積極因素。說到這裏，很多人都在擔心，這個道，數量不會太多？分量不會太重了嗎？又或者，會不會太過陳舊，超過了保質期？孔子一次對曾參說：「吾道一以貫之。」換言之，孔子追求的道一點也不零碎，中間貫徹着一個基本原則。孔子下課後，門人聽不明白，問曾子，曾子回答：「夫子之道，忠恕而已矣。」(2.1.5) 朱熹《論語集注》解釋：「盡己之謂忠，推己之謂恕。」忠，等於全心盡力做好自己該做的事情。恕，等於推己及人，事事能為他人設想。做到忠恕，一個人就在私德和公德兩方面都打好根基了。而老師學道教人，不也是以成己成人為職志嗎？一切的知識與學問，到了最後都是學好做人，做到愛人如己。即使今天知識爆炸，科技日新月異，但做人的道理，處事的態度，仍然至關重要。可見今道古道，始終沒有脫節。

再講「師道」，那就是為師之道，或者教師當行的道理。韓愈《師說》開宗明義：「古之學者必有師；師者，所以傳道、受業、解惑也。」又說：「道之所存，師之所存也。」換言之，教師要有修養，有學養，有素養，否則他憑甚麼作學生榜樣？憑甚麼給學生知識？憑甚麼為學生析疑解難？故此，教師不是一種職業，而是一份使命。具備了使命感，他始能堅持下去，不斷完善自己的品格，不斷充實自己的知識，不斷為教學專業進行探索。孔子

說過：「不能正其身，如正人何？」（《論語·子路》）又說：「其身正，不令而行；其身不正，雖令不從。」(2.1.6) 可見為人師表，是天下間最艱苦的工作，他必須先正己，才能正人。倘若未能以身作則，「師」而無「道」，那就喪失了為師的條件，而不再受人尊重。

教師既要德才兼備，學養有素，又要全心全意，照顧好一個又一個孩子，讓他們健康成長。你說這是多麼偉大的工作！所以我們都要尊師。在古代，即使貴為天子，也要從師而學，虔敬拜師，坐而論道，虛心受教。《禮記·學記》說：「師嚴然後道尊，道尊然後民知敬學。」(2.1.2) 我們常說師道尊嚴，實出於此。所謂師嚴，指的是敬重老師。如果老師得不到應有的尊重，那麼，由他傳授的道理，學生也不會重視。今天許多「直升機父母」，過度保護孩子，老師批評孩子幾句，聞訊就大興問罪之師。孩子有父母撐腰，自然肆無忌憚，不把教師放在眼內。如此這般，教師尊嚴掃地，孩子無所用心，學習也大打折扣。所以荀子說：「國將興，必貴師而重傅……國將衰，必賤師而輕傅。」(2.1.7) 能否尊師，竟然與國之興亡關連在一起。教師受到尊重，由他所宣揚的法度就能建立起來；反之，人

心放肆輕忽，社會的秩序法度就無法真正建立。由此可見，教師和師道是整個教育體系的關鍵。

古代本來學在官府，孔子主張有教無類，首先提倡平民教育。他說：「自行束脩以上，吾未嘗無誨焉。」(2.1.4) 有人批評孔子販賣知識，藉此斂財。其實那一束乾肉，並非學費，而是當時最菲薄的見面禮儀，向老師聊表恭敬之意。學生要好好學習，首先要懂得師與生居於不同的位置上：教師必須受到尊重，學生才會用心學習；學生必須謙虛有禮，教師才可盡情發揮。故此，尊師既要表現在我們的態度上，也要表現在行動上、物質上、形式上和制度上……《禮記‧學記》描述古代學校開學的禮儀 (2.1.3)：開學時，官員穿着禮服，奉上祭品，表示尊重；大家唸誦《小雅》當中三首詩歌，以示激勵；學子一起打開書箱，取出書籍，表示嚴肅學習；教師拿出教鞭，以示警惕和鞭策之意。禮的作用就是鞏固秩序、加強規範，誰說這些儀式不重要哩？

今天，學校舉行開學典禮，也是一派莊嚴肅穆，大家可曾領略當中尊師重道的含義呢？

想一想 在敬師節那天，你會通過哪些具體行動來表達敬師之情？

授業解惑

2.2.1

今之教者，呻其佔畢[嗶]，多其訊，言及于數，進而不顧其安；使人不由其誠，教人不盡其材；其施之也悖，其求之也佛[弗]。夫然，故隱其學而疾其師，苦其難而不知其益也。雖終其業，其去之必速。教之不刑，其此之由乎！

《禮記·學記》

2.2.2

善學者，師逸而功倍，又從而庸之；不善學者，師勤而功半，又從而怨之。善問者，如攻堅木，先其易者，後其節目，及其久也，相說以解；不善問者反此。善待問者，如撞鐘，叩之以小者則小鳴，叩之以大者則大鳴，待其從容，然後盡其聲；不善答問者反此。此皆進學之道也。

《禮記·學記》

語譯　現今教書的人，只知道唸誦課文，大量灌輸知識，一味趕進度，不顧學生能否適應；結果學生無法安心學習，教師做不到因材施教；施教者固然違背教育常理，學習者也違背了學習心理。像這樣，學生便討厭學習，也埋怨老師；學習上產生畏難心理，卻體會不到學習的好處。即使勉強完成學業，但學習所得很快就遺忘了。教育之所以不能成功，原因就在這裏吧！

說明　授業並非把知識硬生生灌輸給學生，今天考試主導的教學方式往往欲速不達。

語譯　最好的學習方式：老師費力小，而學生受益大，還感激老師教導有方。最不好的學習方式：老師費力大，而學生得益小，還埋怨老師。懂得提問的人，就像處理堅硬的木材，先從容易的地方着手，然後再砍扭曲的錯節處，慢慢下來，問題就輕鬆地解決了；不懂得提問的人剛好相反。懂得回答提問的老師，就像撞鐘一樣，輕敲一下則鐘聲較小，重重敲擊則鐘聲大鳴，還要好整以暇，先讓學生把問題說完，才仔細回答；不懂得回答問題的老師與此相反。這些都是增進學問的方法。

說明　發問要有技巧，回答也有技巧，可見教師的解惑工作，並不簡單。

2.2.3　子曰：「吾有知乎哉？無知也。有鄙夫問於我，空空如也，我叩其兩端而竭焉。」

《論語·子罕》

2.2.4　子曰：「不憤不啟，不悱[匪]不發，舉一隅不以三隅[如]反，則不復也。」

《論語·述而》

2.2.5　師術有四，而博習不與焉：尊嚴而（不）憚，可以為師；耆艾而信，可以為師；誦說而不陵不犯，可以為師；知微而論，可以為師。

《荀子·致士》

語譯　孔子說：「我知道甚麼？我無知啊！有個鄙夫問我，他提出的問題，我卻一無所知，我就他提出的問題，從正反兩方面推敲，總算弄清楚了。」

說明　人貴乎知道自己所知，也知道自己所不知，但懂得怎樣去獲得知識，找尋答案。

語譯　孔子說：「不到苦思冥想時，不去點撥提醒；不到欲說無語時，不去引導啟發。給予提點，卻不能舉一反三，就不要重複了。」

說明　學生不肯積極思考，提點也是枉然。可見教師為學生解惑，也要等待時機。

語譯　當老師的要領有四個，但博學並不包括在內：首先要有尊嚴威信，卻不讓人害怕；其次要閱歷豐富，讓人信服；三要有講授經典的能力，循序漸進，有條有理；四要能體會深刻，解說深入淺出。

說明　換言之，教師要有儀表師範、資深閱歷、教學方法和獨到心得。

2.2.6　子以四教：文，行，忠，信。

《論語．述而》

2.2.7　子貢曰：「貧而無諂，富而無驕，何
如？」子曰：「可也。未若貧而樂，
富而好禮者也。」子貢曰：「《詩》云：
『如切如磋，如琢如磨。』其斯之謂
與？」子曰：「賜也，始可與言詩已
矣！告諸往而知來者。」

[諂二聲]

《論語．學而》

語譯　孔子教學有四項內容：知禮、踐行、忠誠、信實。

說明　「文」指學習禮去修飾言行，「行」是行動上的實踐，兩者都是向外去學習和實踐。「忠」以盡己，「信」以待人，兩者都是內在修養上的提升。

語譯　子貢說：「貧窮卻不阿諛奉承，富貴卻不狂妄自大，怎麼樣？」孔子說：「可以。但是不如貧窮卻能自得其樂，富裕卻能有禮有節。」子貢說：「《詩經》上說：『（進德修業）如同玉石的加工，不斷地切磋、琢磨。』說的是我們吧？」孔子說：「子貢啊，現在可以與你談《詩》了。告訴你前面，你就懂得後面的道理。」

說明　這是一篇層層遞進的小品。子貢首先有了體會，覺得貧富也好，都要安分。於是激發了孔子再進一步的論述，提挈子貢雖貧亦樂、富而好禮的道理。孔子的境界當然更高，也更樂觀積極。子貢理解道理後，對這種師生交流的情境感受很深，聯想到《詩經》「如切如磋」的詩句。孔子聽後，擊節讚賞，覺得子貢懂反思、有創獲，而且懂得從生活細節中去領略《詩》的內容，加以活學活用。孔子自此多了一個可以談《詩》的對手。文中兩人交流的過程，惺惺相惜，互相誘發，越鑽越深，活現了教學相長的道理。

有人説人工智能時代已經到來，電腦可以充當教師，教師行業勢必萎縮，甚至會被消滅。究竟人工智能，是否真的可以取代教師的工作？

唐代古文運動領袖韓愈在《師説》裏明確指出：「師者，所以傳道、受業、解惑也。」三者中，「傳道」居於首位。傳道者除了要有使命感，還要有強大的感染力。我們常説教師是人類靈魂的工程師，他能因材施教，陶鑄我們的品格，把我們引領到正確的人生方向，這是多麼神聖和艱鉅的任務，很難想像電腦能夠取而代之。於是又有人説：「電腦堪當授業和解惑的重任。」果真如此嗎？

先講授業。業是學業，也就是我們要學習的知識和技能。我們的知識領域、思維方法、行為模式和應用能力等，都建基於學業，啟迪於良師。有人説：「經師易遇，人師難求。」換言之，學有專長的「經師」不難找到；在學問以外，能夠樹立人格榜樣的「人師」，更是難能可貴。這句話不無道理。不過，如果用這句話來揶揄專攻考試成績的教師、補習名師，那並不公平。方今考試主導，學歷通脹，學校標榜成績、家長嚮往名校、學生佩服名師，早已司空見慣，

但問題的癥結不在老師身上。而且作為一名合格的教師，首要學養有素。當然，這個學養，並非僅僅把知識生吞活剝，現買現賣，照葫蘆畫瓢而已。教師要讓學生在習得知識後，還懂得貫通、應用和創新，否則人類社會不會再有進步了。《禮記‧學記》就指出：「記問之學，不足以為人師。」記誦書中內容，照本宣科，並非好老師。教師既要不斷自我增值，做到教學相長，深造有得，也要針對學生學習上的需要，適時作出回應。可見帶來知識增值的「經師」並不易為！

固然，人師還是最受敬重的。身為教師，必須身教言教，以身作則，讓學生心悅誠服，變化氣質，即所謂「學莫便乎近其人」。《論語‧述而》說：「子以四教：文，行，忠，信。」(2.2.6) 由知書識禮，而躬行實踐，而全心盡力，再而信守承諾。這是由外在知識，到內部品格的轉化；也是一個人由博返約、安心立命的過程。教師未達到這個修養境界，又何以教人？故此，《荀子‧致士》說：「師術有四，而博習不與焉。」(2.2.5) 荀子認為：博學多聞，未足以為人師；為人師者，必須威而不露，尊而能信，施教有序，涵泳有得。教師要有師範、有閱歷、有教法、有心得。四者得一，已甚困難；兼而有之，談何容易？

再講解惑。人生本來就充滿着疑惑：學業上有疑問，心理上有疑慮，行為上有疑昧，工作上有疑難。孔子教我們解除疑惑的方法是：「敏而好學，不恥下問」，

學生勤學好問，老師逢問必答，只有這樣，才能析疑解難。但教師何嘗沒有疑惑，教師欲為人解惑，必須先解己惑。故此，虛心求教，不恥下問，至為重要。孔子周遊列國時，每到一處地方，必定就教於當地的賢士。韓愈在《師說》中講到：「聖人無常師。孔子師郯子、萇弘、師襄、老聃。」孔子虛心求教，多方學習，做到「三人行必有我師焉，擇其善者而從之，其不善者而改之」，故能學有進境，教學相長。

到學生身上，在學習過程中，有疑問是好事，好學多疑，恰好是學習求進的契機。可惜今天許多學生，急於求成，只顧背誦筆記，沒有思考的習慣，也就不懂得發現問題。愛因斯坦說過：「提出一個問題，往往比解決一個問題更重要。」因為解決一個問題，仍然離不開前人的舊路；而提出新的問題，就帶來了新的角度和創新進步的空間。所以孔子說：「不憤不啟，不悱不發，舉一隅不以三隅反，則不復也。」(2.2.4)教導學生，不到他非要弄明白不可的時候，不去開導他；不到他想出來卻說不出的時候，不去啟發他。不能舉一反三，觸類旁通，就不要馬上教他。故此，解惑並非一下子向學生提供所有答案，而是引導學生去發現問題，即所謂「道而弗

牽，強而弗抑，開而弗達」。《論語・子罕》記載一個鄉巴佬問孔子問題，孔子説：「吾有知乎哉？無知也。」(2.2.3) 孔子説自己無知，並不是他沒有才學，連鄉巴佬也不如。而是面對問題時，要放下既定的答案，或以往的成見，抱着懷疑的態度，虛心地重新思考；就着對方提出的問題，從不同角度，反覆琢磨，尋根究柢，以至獲得答案。這種求知態度，與我們今天講的批判式思考十分接近。

一次，子貢信心滿滿地跟孔子説：「貧而無諂，富而無驕，何如？」(2.2.7) 貧與富，非一己之力所能改變，但子貢體會到君子各安其位、恪守本分的道理，興奮地告訴老師。孔子引導他再進一步思考雖貧亦樂、克己復禮的道理，境界當然高了很多。子貢聽後，明白了，再聯想到《詩經》「切磋琢磨」的詩句，講的就是他們師徒之間的自由討論。孔子不禁讚賞子貢領悟力強，而且能觸類旁通，對他另眼相看。這段對話，真的讓我們大開眼界。子貢好問決疑，而能舉一反三；孔子叩其兩端，而能教學相長。《論語》當中，不乏這些春風化雨的細節。這樣看來，教師的授業與解惑，難道電腦真的可以做到嗎？

想一想 今天教學，強調自主學習，教師不再居於權威和領導者的角色。你認為這種教學方式，跟古人「受業」「解惑」的說法是否互相衝突？

教學相長

2.3.1 互鄉難與言，童子見，門人惑。子曰：「與其進也，不與其退也，唯何甚！人潔己以進，與其潔也，不保其往也。」

《論語・述而》

2.3.2 子曰：「愛之，能勿勞乎？忠焉，能勿誨乎？」

《論語・憲問》

2.3.3 子曰：「當仁不讓於師。」

《論語・衛靈公》

語譯　互鄉的人無法理性交談，卻跑來該地一個小伙子，還得到孔子接見，學生們都很疑惑。孔子說：「肯定他的進步，不等於認可他過去的錯誤，何必那麼過分？人家改好自己來求上進，過去的就不要提了。」

說明　互鄉這個地方風氣不正，人與人之間不講道理，是一個惡鄉。但我們是否就要歧視當中每一個人，不讓他改進自己？作為教師，應該有既往不咎、有教無類的胸懷。

語譯　孔子說：「愛他，能不讓他勞苦嗎？忠於他，能不好好教誨他嗎？」

說明　蘇東坡說：「愛而勿勞，禽犢之愛也；忠而勿誨，婦寺之忠也。愛而知勞之，則其為愛也深矣；忠而知誨之，則其為忠也大矣。」孩子不是寵物，我們要讓他勞動學習，這才是愛之深的表現。更不能像妃嬪太監那樣服侍主子，最忠誠的愛護就是好好教導孩子，而不是溺愛他。

語譯　孔子說：「當仁義所在的地方，哪怕是對老師也不必謙讓。」

說明　師生雖有尊卑之分，但在仁義理性面前，大家是平等的。看見有人掉進井裏，難道還要跟老師推讓，不馬上出手相救嗎？

2.3.4　子曰：「若聖與仁，則吾豈敢？抑為之不厭，誨人不倦，則可謂云爾已矣。」公西華曰：「正唯弟子不能學也。」

《論語‧述而》

2.3.5　顏淵喟然歎曰：「仰之彌高，鑽之彌堅；瞻之在前，忽焉在後。夫子循循然善誘人，博我以文，約我以禮。欲罷不能，既竭吾才，如有所立卓爾；雖欲從之，末由也已。」

《論語‧子罕》

2.3.6　子貢問：「師與商也孰賢？」子曰：「師也過，商也不及。」曰：「然則師愈與？」子曰：「過猶不及。」

《論語‧先進》

語譯　孔子說：「如果說到聖人和仁人，我豈敢當？不過，永不滿足地提高修養，不厭其煩地教育學生，則可以這麼說。」公西華說：「這正是我們做不到的。」

說明　作為老師，孔子追求的目標不是成為聖賢。他不斷追求的是知識和修養，而且一邊追求，一邊教誨學生，絕不懈怠。這種好學的態度，令人敬佩。

語譯　顏淵感歎地說：「老師的學問，越抬頭看，越覺得高；越用力鑽研，越覺得深厚。看着它就在前面，忽然卻在後面。老師逐步引導，用知識豐富我，用禮樂調節我，我想罷休都不可能。我竭盡全力，好像已攀到某個位置；但想再追隨上去，又覺得力有不逮。」

說明　顏回借高山來比喻孔子學問之高，也突出他努力追隨老師，可惜力有不逮。

語譯　子貢問：「子張與子夏誰能幹些？」孔子說：「子張做事總是過頭，子夏卻有些趕不上。」子貢說：「那麼是子張強些了？」孔子說：「過頭和差點，都一樣不好。」

說明　作為老師，必須了解個別學生的特點，掌握每人的學習情況。

2.3.7　子路問：「聞斯行諸？」子曰：「有父兄在，如之何其聞斯行之？」冉有問：「聞斯行諸？」子曰：「聞斯行之。」公西華曰：「由也問聞斯行諸，子曰『有父兄在』；求也問聞斯行諸，子曰『聞斯行之』。赤也惑，敢問。」子曰：「求也退，故進之；由也兼人，故退之。」

《論語‧先進》

2.3.8　劍雖利，不厲不斷；材雖美，不學不高。雖有旨酒嘉殽，不嘗，不知其旨；雖有善道，不學，不達其功。故學然後知不足，教然後知不究。不足，故自愧而勉；不究，故盡師而熟。由此觀之，則教學相長也。

《韓詩外傳‧卷三》

語譯　子路問孔子：「聽到就做嗎？」孔子說：「有父兄活着，怎麼能聽到就做？」冉有問：「聽到就做嗎？」孔子說：「聽到就做。」公西華說：「子路問『聽到就做嗎』，您說『有父兄在』；冉有也問『聽到就做嗎』，您卻說『聽到就做』。我有些胡塗，請問這是為甚麼？」孔子說：「冉求總是退縮，所以要鼓勵他；仲由膽大，所以要壓壓他。」

說明　每個學生各有長處和弱點，老師如何加以調節修正，本身就是一種藝術。

語譯　劍刃雖然銳利，不磨就不能切斷東西；人雖然資質聰穎，不好好學習，就不能提高學問。雖然有美酒佳餚，不親口品嘗，就不能知道味道好在哪裏；雖然有正確的道理，不好好學習，就不能通曉功用在哪裏。所以說，通過學習，然後才會發現自己的不足；通過傳授，然後才懂得自己沒深究的地方。發現不足，就會心愧而努力學習；探究不深，就會另尋名師，把道理弄清楚。由此看來，傳授與學習是相互促進的。

說明　這是對《禮記．學記》「教學相長」道理（2.1.1）的進一步發揮。

教師與學生，結緣於知識。所以，我們講師範、師德、師術，這一切都建立在知識的綱領上。教師堪為榜樣，在於他熱愛知識的態度；教師愛護學生，要讓他們認識知識的可貴；教師講求教學方法，也是為了學生吸收更多知識。當然，在這個師生共同參與的學習旅程當中，不僅僅止於求知而已，還要徹底地把知識落實和踐行。教師是教學者，同時是學習者、踐行者，學生在學習中得益，教師也在教學中得益，最終達到了「教學相長」(2.1.1)。

先講師範。教師要做好「好學」的榜樣。作為教師，要不斷強化舊有知識。孔子說：「溫故而知新，可以為師矣。」（《論語·為政》）一般人學習上的毛病，就是「左耳入，右耳出」，知識還未存檔和組織起來，已經一點一滴溜走。所謂溫故，即重複記憶程序，把舊有知識鞏固、消化和加強。溫故之外，還要知新。時代在變，新知識不斷湧現。新，一方面是把舊有的知識補充和更新，另一方面也是探尋新的知識，與舊有的互相結合，並組織、發展成新的觀念。有人說：教學工作，不就是反反覆覆教授着同一個課程內容嗎？溫故不就是教學的指定動作？其實不同。溫故並非單純的重複。重重複複，就像搬沙

搬石，結果沙石還是沙石，它變不了高樓。溫故，是那片綠油油的葉子，每天吸收着空氣、水分和陽光，增加了營養，還開了花，結了果。然後，果實又把種子帶到新的土壤上，再長成另一棵大樹，這是知新。溫故知新，是一個不斷學習、不斷探索和不斷求知的過程。倘若教師沒有養成這種學習態度，不幾年間，他的知識就落後了，他的學問就淘空了。他拿甚麼去教學生？還憑甚麼春風化雨？

　　教師還要樹立哪些好學的榜樣？孔子說：「敏而好學，不恥下問。」（《論語‧公冶長》）但凡聰敏的人，多輕視學習；地位高的人，每恥於求教於人。但作為老師，無論對方資質高下，地位尊卑，都要虛心求教。所謂「三人行，必有我師焉」，學無前後，達者為先，能虛心請教，活到老，學到老，學問才會與日俱進。因此，孔子主張「當仁不讓於師」(2.3.3)，教師與學生在學術上是平等地交流，只問學術上的對錯，而不是恃着教師的身分，去壓制學生的創造力。所以在弟子眼中，孔子的虛心是不可企及的。公西華十分欣賞老師，孔子卻謙虛說：「若聖與仁，則吾豈敢？抑為之不厭，誨人不倦，則可謂云爾已矣。」(2.3.4) 一邊熱愛學習，一邊傳授知識，學無止境，永不言倦，這好像說難不難，但公西華心裏明白，這正是弟子們做不到的。

　　再講師德。教師要義無反顧地教好學生。孔子主張有教無類，即人人都有接受教育的權利。他說：

「自行束脩以上，吾未嘗無誨焉。」(2.1.4) 這句話大家都耳熟能詳。一次，在那風氣鄙陋的互鄉，跑來了一個少年，卻得到了孔子禮貌接見，弟子們都不以為然。孔子卻指出，大家該欣賞別人為改善自己所作的努力，不要老盯着人家的短處。(2.3.1) 任何人都有求學的權利，不論他的背景、地位或者過往的歷史。只要身為教師，就要放下歧視和偏見，公平地對待所有學生。學生肯學，自然要好好教導；學生不肯學，也要設法輔導他返回正軌。這一切都來自教師對學生的愛與關懷。可惜孔子的胸襟，弟子們並不明白。另一方面，今天有些父母過於愛護孩子，總事事遷就，不敢逆孩子的心意，但有所求，無不馬上答應。但孔子不同，他說：「愛之，能勿勞乎？忠焉，能勿誨乎？」(2.3.2) 教師愛護學生，所以要不假辭色，勞其筋骨，讓他努力學習；教師忠於學生，故鍥而不捨地教誨他，絕不放棄。孔子選擇的愛護方式是：堅定、嚴格和率直，讓學生懂得自己的不足，也懂得自己該努力的方向。這都源自教師的責任感。

教師也要講求教學的方法，即是師術，尤其要做到因材施教。一個教師，對着一面牆壁傳授知識，卻不懂得每一個學生的性格、特

點和長處，他的教學工作又怎麼能夠推展？孔子學生中，「柴也愚，參也魯，師也辟，由也喭」（《論語‧先進》）。高柴愚笨，曾參遲鈍，顓孫師偏激，仲由莽撞，孔子都了解得一清二楚，教導時自然能夠因材施教。一次，子貢問子張與子夏哪個更能幹，孔子回答：「師也過，商也不及。」子貢還以為子張強些，可孔子認為「過猶不及」。(2.3.6) 我們都知道孔子講求中庸之道，弟子兩人，一個過了頭，一個趕不上，各有所偏，都有改進的空間。又一次，子路和冉有先後問：「聽到就做嗎？」孔子跟子路說不行，卻鼓勵冉有聽到就做。公西華感到疑惑，問孔子。孔子解釋，冉有做事退縮，所以要鼓勵他；子路膽大，所以要約束他。(2.3.7) 教師的工作，是發現學生的不足，然後指導他作出修正，達到取其中庸。但子路也好，冉有也好，他們連自己如何不足也不知道，又如何懂得中道在哪裏？這個「中」，是教師因材施教，適時給予修正的建議。

因此，教師教導學生，學生得益，自己也得益，達到了教學相長。

想一想 孔子向我們示範了因材施教，但胡鬧的人硬說他偏心。究竟因材施教與偏心學生的區別在哪裏？試加分析。

2.4

亦師亦友

2.4.1 德行：顏淵，閔子騫，冉伯牛，仲弓。言語：宰我，子貢。政事：冉有，季路。文學：子游，子夏。

《論語‧先進》

2.4.2 閔子侍側，誾誾[銀]如也；子路，行行如也；冉有、子貢，侃侃[罕]如也。子樂。「若由也，不得其死然。」

《論語‧先進》

2.4.3 子曰：「由之瑟奚為於丘之門？」門人不敬子路。子曰：「由也升堂矣，未入於室也。」

《論語‧先進》

語譯 | 品德高尚的有：顏淵、閔子騫、冉伯牛、仲弓；善於辭令的有：宰我、子貢；長於政事的有：冉有、季路；精通典章的有：子游、子夏。

說明 | 以上十位是孔門弟子中極出色的學生，稱為「四科十哲」。從中可見孔子教學內容的多樣化與實用性，教學方法上也做到因材施教。孔子的多才多藝，也沒有任何一個弟子可以達到。

語譯 | 閔子騫在旁侍立，一派正直恭敬的樣子；子路侍奉時，一副剛強的樣子；冉有、子貢侍奉時，一副溫厚和樂的樣子。孔子樂了，說：「像子路那樣，恐怕不得好死。」

說明 | 這個情境，活現了孟子「君子三樂」中「得天下英才而教育之」的愉悅。教師的最大回報，是樂見學生的成就和成長。但教師也常為學生的不足而苦惱憂慮。

語譯 | 孔子說：「子路彈琴，幹嗎要在我這裏彈？」學生因此不尊敬子路。孔子知道後，說：「子路已經很不錯了，只是未到精微的境界罷了。」

說明 | 古代一般房子有所謂「三進」：一進外院，二進廳堂，三進內室。孔子借此比喻子路的學習，已經有很好的基礎。這番話形象地說明了學習是一個逐步進階的歷程。好的教師能適時給予學生督促提點，又能加以維護勉勵。

亦師亦友

2.4.4 子曰：「賢哉回也！一簞^[丹]食，一瓢^[嫖]飲，在陋巷。人不堪其憂，回也不改其樂。賢哉回也！」

《論語‧雍也》

2.4.5 哀公問：「弟子孰為好學？」孔子對曰：「有顏回者好學，不遷怒，不貳過。不幸短命死矣！今也則亡，未聞好學者也。」

《論語‧雍也》

語譯　孔子說：「顏回真賢德啊！一籃飯，一瓢水，住在陋巷，人人都愁悶，他卻樂在其中。顏回真賢德啊！」

說明　一個人能安分，是一種境界；無論境遇貧富，能不改素志，是另一境界；能孜孜求道、樂在其中，是更難達到的境界。在許多人眼中，修道是苦的，而顏回的安貧樂道，賦予了儒家修道者一種樂觀積極的性格。而最能明白顏回這種精神的，正是孔子。後世就把儒者安貧樂道、達觀自信的人生境界，稱為「孔顏樂處」。

語譯　哀公問孔子：「學生中誰好學？」孔子答：「有個叫顏回的好學，不把憤怒發洩在別人身上，不會重複犯錯。可不幸短命死了，現在卻沒有，沒聽說過誰好學。」

說明　孔子這裏說的好學，不僅僅是學習知識，還包括力行實踐。一般人總是放任情緒，遷怒於人；害怕改正，錯而不改。顏回能「不遷怒，不貳過」，等於在「克己復禮」的修為上奠下了穩固的基礎。至於其他弟子，還未能到達這個境界。

2.4.6　顏淵死，顏路請子之車以為之椁[國]。子曰：「才不才，亦各言其子也。鯉也死，有棺而無椁。吾不徒行以為之椁。以吾從大夫之後，不可徒行也。」

《論語·先進》

2.4.7　顏淵死，門人欲厚葬之，子曰：「不可。」門人厚葬之。子曰：「回也視予猶父也，予不得視猶子也。非我也，夫二三子也。」

《論語·先進》

語譯　顏淵死，父親顏路請孔子賣車給顏淵做槨。孔子說：「有才無才，都是兒子。我的兒子孔鯉死時，就有棺而無槨。我不賣車步行，為他做槨，因為我做過大夫，不可以步行。」

說明　孔子對待兒子和學生，一視同仁，沒有偏袒誰。而且，在守禮的時代裏，行事不能失禮。

語譯　顏淵死，學生們要厚葬他。孔子說：「不可。」學生們還是厚葬了他。孔子說：「顏回把我當作父親，我卻沒法把他當作兒子。不是我要這樣，是學生們背着我幹的啊。」

說明　顏回是平民身分，厚葬違反禮的規定，屬於非禮，所以顏回在生必不接受。孔子怎會不明白顏回心意，故此撇清關係。但他沒有堅持制止，可見顏回在他心中，不是一個普通人。

師生相處是一種美妙的關係，沒有家庭俗務的糾纏，又無金錢利益的輤轕，純粹是求知道上的志同道合者。在人倫關係上，師生屬於朋友一倫。雖有師嚴道尊的敦睦氛圍，但更多時候是如沐春風的平等對待。我們稱這種關係為「亦師亦友」「師友之間」。

老師當然離不開學生。孟子說「得天下英才而教育之」是「君子三樂」之一。《論語·先進》記載：「閔子侍側，誾誾如也；子路，行行如也；冉有、子貢，侃侃如也。子樂。」（2.4.2）孔子為甚麼快樂？因為他教導出這麼多卓越和可愛的弟子，感到心滿意足。另一方面，學生也離不開老師。宋朝楊時向大儒程頤求學，非常恭敬。那天他冒着風雪來到程家，剛好程頤在打盹，他不敢打擾，靜靜在旁邊守候着，待先生醒來，門外已積了一尺雪。這就是成語「程門立雪」的出典，師恩似海，教澤如山，成為千古佳話。

師生之間，貴乎互相了解。孔門弟子中有所謂「四科十哲」，以言語聞名的子貢，想知道老師給他甚麼評價。孔子說：「汝，器也。」亦即一器總有一器之用，言下之意，是提醒他還未達到「君子不器」的仁者境界。子貢不肯罷休，還再追問，想知道他是甚麼器。孔子幽默地

回答：「瑚璉也。」（《論語・公冶長》）瑚璉是美玉，製成高貴的祭器，有着崇高的地位。孔子用先抑後揚的手法，指出子貢的不足，另一方面也肯定他的努力。孔子另一學生子路，性格直爽、剛強，好勇鬥狠。孔子經常提醒他，擔心他不得善終。一次子路彈琴，孔子罵子路幹嗎跑到他這裏彈。琴音中充滿殺伐之氣，違背了樂以教和的主旨。其他學生因此不尊敬子路。孔子知道後，說：「由也升堂矣，未入於室也。」(2.4.3) 孔子批評子路在某些方面有所不足，並不等於全盤否定他的學習。局外人不明就裏，也沒有甚麼；如果當事人也不明白，那就太可惜了。更可惜的是，今天許多學生只愛聽別人讚賞，卻聽不進善意的批評。至於子貢、子路，當然了解老師的苦心。子貢在孔子死後，為孔子守墳六年。子路是眾弟子中，侍奉孔子最久也最忠心的人，後來在戰鬥中被殺，並受醢刑（即剁成肉醬）。孔子很傷心，從此不吃肉醬。

師生之間，也充滿着深厚的感情。德行科的冉伯牛患病，越來越嚴重，不願見人。孔子在他病危時，親自去探望他，依禮從屋外窗口握住他的手，歎息說：「亡之，命矣夫！」（《論語・雍也》）好端端的一個人，怎麼會患上這樣的病呢？只能埋怨這是運命的安排，孔子為此深深難過。同是德行科的學生顏回，被視作孔子最得意的門生。孔子被困於匡地，大家失散了，顏回最後脫險歸來。孔子說：「我以為你死了。」這是多麼情真意切的一句話。顏回答：「您在，我怎敢死？」也許有些人覺得顏回這句話

半開玩笑，但在他來說是真情實感，他願意為老師鞠躬盡瘁。

孔子為甚麼特別鍾愛顏回？他說：「回也非助我者也，於吾言無所不說（悅）。」（《論語·先進》）表面上批評顏回對他毫無助益，老師說的話無不喜歡。其辭若有憾焉，其實是稱讚顏回勤謹。顏回所作回應，不在言語上的花巧，而是在行動上的落實踐行。孔子又嘗稱讚顏回「不遷怒，不貳過」（2.4.5），「吾見其進也，未見其止也」（《論語·子罕》），即理性、克制、上進、堅持，又細水長流。顏回家境貧困，飯也沒得吃，但安貧樂道，沒有貶低自己，「人不堪其憂，回也不改其樂」（2.4.4）。這個「不改其樂」，非超凡入聖，如何能做到。所以子貢讚顏回聞一知十，連孔子也自歎不如。孔子一直視顏回為傳道的繼承者。換言之，教學工作，也是民族文化的傳承過程。它讓師生間的聯繫，由情感的層面，提升到理性層面，以至於道的超越層面。

可惜顏回短命。顏回死，孔子非常傷心。不懂得安慰老師的子路說：「子慟矣。」

（《論語・先進》）這等於說老師哀傷過度，會不會「失禮」（違反了禮的中和）呢？孔子的回應是「非夫人之為慟而誰為」，不為他悲痛還會為誰悲痛？這不是老師偏心，而是「天喪予」的哀傷，因為老天不要讓他的道繼承下去了。所謂「天喪斯文」，孔子為死後的傳道事業作出佈局，現在完全崩潰了。顏回的父親和同學也十分難過，希望為他舉行盛大的葬禮。父親顏路請孔子把車子賣掉，給顏回建造棺槨。孔子不答應，說他做過大夫，按禮不可以步行。他沒有藏私和捨不得花錢，自己兒子死了，也是有棺無槨。後來門人湊錢，把顏回厚葬。孔子差點氣昏，說顏回視他如同父親，因為他最了解顏回，可他卻沒法把顏回當作兒子。由於建槨厚葬是違背禮制的事，並不符合顏回身分地位，顏回必定不會答應。嚴守禮儀是古人的事，我們不會明白。但孔子與顏回，師徒之間的徹底理解和心意相通，卻令人敬佩。

師友之間，亦師亦友，薪火相傳，相信各位同學，也十分享受這段關係吧。

想一想 我們一方面講師道尊嚴，另一方面又強調亦師亦友。你認為師生相處有哪些要點必須留意？

選賢與能

2.5.1 大道之行也，天下為公。選賢與能，講信修睦，故人不獨親其親，不獨子其子，使老有所終，壯有所用，幼有所長，矜寡孤獨廢疾者，皆有所養。

《禮記·禮運》

2.5.2 子貢問為仁。子曰：「工欲善其事，必先利其器。居是邦也，事其大夫之賢者，友其士之仁者。」

《論語·衛靈公》

2.5.3 子曰：「見賢思齊焉，見不賢而內自省也。」

《論語·里仁》

語譯 在大道施行的時候，天下是人們所共有的。品德高尚的人、能幹的人，都能選拔任用；群眾講求誠信，培養和睦氣氛。所以人們不單奉養自己的父母，不單照顧自己的子女，讓老年人能終其天年，壯年人能為社會效力，小孩子能健康成長。社會上孤獨病殘的人，都能得到供養。

說明 《禮記》的內容涉及周朝的禮樂制度，寄託了儒家一些學者的政治理想。上述文字出自當中《禮運》篇「大同與小康」的部分文字。這段文字總結了前人就「選賢與能」的觀點。

語譯 子貢問怎樣修養仁德。孔子說：「工匠要想做好工，必先打磨工具。住在某個地方，就要就教當地大夫中的賢者，結交士人中的仁人。」

說明 與賢能的人切磋交流，是提升自己的好方法。

語譯 孔子說：「見到有德行的人就想向他看齊，見到沒有德行的人就要加以反省。」

說明 「賢」主要就德行而言。賢者是我們的榜樣，所謂：見賢思齊，取長補短；聞惡自警，吸取教訓。能夠這樣，方能達到自律、自愛、自尊、自重。

選賢與能

2.5.4　齊桓公設庭燎，為便人欲造見者，[機]朞年而士不至。於是東野有以九九見者，桓公使戲之曰：「九九足以見乎？」鄙人曰：「臣聞君設庭燎以待士，朞年而士不至。夫士之所以不至者，君、天下之賢君也，四方之士皆自以不及君，故不至也。夫九九、薄能耳，而君猶禮之，況賢於九九者乎！」

《韓詩外傳‧卷三》

2.5.5　王曰：「吾何以識其不才而舍之？」曰：「國君進賢，如不得已，將使卑踰尊，疏踰戚，可不慎與！左右皆曰賢，未可也；諸大夫皆曰賢，未可也；國人皆曰賢，然後察之；見賢焉，然後用之。左右皆曰不可，勿聽；諸大夫皆曰不可，勿聽；國人皆曰不可，然後察之；見不可焉，然後去之。」

《孟子‧梁惠王下》

語譯　齊桓公在宮廷前燃起火炬，以便夜以繼日，接待各地賢士。過了一年，沒有人登門求見。一天，城東來了個鄉下人，聲稱自己背熟了九九算術口訣。齊桓公派傳令官調侃他：「憑九九算術，就配求見寡人嗎？」鄉下人回答：「我聽說宮前火炬燃燒了一年，也沒有人上門哩。那為甚麼賢士都不來了？皆因君是賢君，各地人才都自以為及不上他，所以就卻步了。我的九九算術，固然微不足道，倘國君仍能以禮待我，還怕那些有真才實學的賢士不來嗎？」

說明　禮賢下士，說易實難。幸好齊桓公具有廣闊的胸襟，終成一代霸主。所謂「泰山不讓礫石，故能成其大；江海不辭小流，故能成其深」，東野鄙人能夠看透這個道理，又能巧妙地點化齊桓公，可見「鄙人」的名字只是掩飾罷了。

語譯　齊宣王說：「我怎樣去識別誰沒有才能而不任用他呢？」孟子回答：「國君選拔賢才，如果沒有更好的選擇，只好用卑不用尊，用疏不用親，這種事能不慎重嗎！身邊的人都說某人好，不可輕信；眾大夫都說某人好，也不可輕信。國人都說某人好，然後考察他；發覺他確實好，於是任用他。身邊的人都說某人不堪任用，不可輕信；眾大夫都說某人不堪任用，不可輕信。國人都說某人不堪任用，然後考察他；見到他真的不濟，就讓他離開。」

說明　察賢是一個審慎考察的過程，既要參考其他人的意見，也要親力親為，獨立觀察。

2.5.6 齊宣王坐，淳于髡[昆]侍，宣王曰：「先生論寡人何好？」淳于髡曰：「古者所好四，而王所好三焉。」宣王曰：「古者所好，何與寡人所好？」淳于髡曰：「古者好馬，王亦好馬；古者好味，王亦好味；古者好色，王亦好色；古者好士，王獨不好士。」宣王曰：「國無士耳，有則寡人亦說[悅]之矣。」淳于髡曰：「古者驊騮騏驥[華][留][其][冀]，今無有，王選於眾，王好馬矣；古者有豹象之胎，今無有，王選於眾，王好味矣；古者有毛廧[場]西施，今無有，王選於眾，王好色矣。王必將待堯舜禹湯之士而後好之，則禹湯之士亦不好王矣。」宣王嘿[默]然無以應。

《說苑・尊賢》

語譯 齊宣王閒坐，淳于髡在旁邊侍立。齊宣王說：「先生說說我的喜好吧。」淳于髡說：「古人有四種喜好，大王您有三種。」齊宣王說：「古人的喜好，跟我的喜好有甚麼區別？」淳于髡說：「古人愛馬，大王也愛馬；古人愛美味，大王也愛美味；古人好美色，大王也好美色。古人愛賢士，大王卻不愛賢士。」齊宣王失笑說：「國中哪來賢士，有的話我有多喜歡他們。」淳于髡說：「古時有驊騮那樣的好馬，可現在沒有，大王就從馬群中選拔，足見大王愛馬。古時有豹胎象胎那樣的美味，可現在沒有，大王命人從眾多美味中挑選，足見大王真的愛好美食。古時有毛嬙、西施那樣的美女，可現在沒有，大王您就從眾多美女中去挑選，可見大王真的喜歡美女。大王一定要等到堯舜禹湯身邊的賢士出現了，然後才去尊重喜愛他們嗎？只怕那時他們也不會喜歡大王了。」齊宣王聽了，不知怎麼回答。

說明 沒有賢君賞識，又何來賢士？真正的賢士，也只會服從於賞識他們的君主。

諸葛亮《出師表》説出「親賢臣，遠小人」這句話，許多同學都讀過了。每當大家想到諸葛亮鞠躬盡瘁的身影，都會痛斥小人，希望賢能在位，匡扶國運。賢人政治，一直成為傳統的理想政治模式。為甚麼呢？因為中國古代是人治社會，君主是最高的政治領袖，國家欲治，得依仗聖主明君。只可惜君主還是人，有着一般人的劣根性，故必須賢者輔佐，始能「致君堯舜上，再使風俗淳」（杜甫《奉贈韋左丞丈二十二韻》）。因此傳統儒學思想中，「重賢」觀念一直是相當重要的一個部分。

何謂賢能？《禮記‧大同與小康》就明確提出：「大道之行也，天下為公。選賢與能，講信修睦。」(2.5.1) 賢能的人，須品德卓越，講求誠信，又能力過人，謀求和睦。在傳統觀點裏，賢者必定同時是能者，因為能夠做到「正心」「修身」，必定能達於「齊家」「治國」。不過，反過來説，一個能幹的人，不具賢德，可能比普通人更差勁，因為他懂得運用才智去作奸犯科。司馬光在《資治通鑑》提出了「才德論」，他説：「是故才德全盡謂之聖人，才德兼亡謂之愚人，德勝才謂之君子，才勝德謂之小人。」有才而無德，竟然成為千夫所指的小人。這種觀點，頗值得我們深思。

為何賢能那麼重要？宋儒朱熹説：「蓋天下之事，決非一人之聰明才力所能獨運，是以古之君子，雖其德業智謀足以有為，而未嘗不博收人才，以自裨益。」（《晦庵集‧卷二十九‧與趙尚書書》）君主無法以一人之力治天下，故必須借助於棟樑之材和股肱之臣。賢能之士，相當於房子的柱樑和人體的膀臂腿腳，他支撐了國家，穩定了社會。而且，他們也堪當帝王將相的老師。孔子説：「工欲善其事，必先利其器。居是邦也，事其大夫之賢者，友其士之仁者。」（2.5.2）即使聖人，也要就賢請益。因為不同人才，具備了各種能力，這些技能，斷不能一人獨具。當年燕昭王修築黃金台，禮賢下士，遂有樂毅、鄒衍、劇辛等前來投奔，燕國因此日益強盛。秦國自孝公發佈《求賢令》，重用客卿，六國人才如張儀、范雎、李斯等相繼而至，終能吞併天下。後來到了漢代，仍然有「拜相」的遺風，君臣之間，坐而論道。直至唐宋，仍然保留着這種重賢的風氣。可惜明清之世，群臣跪奏議事，形成君主專制獨裁，重賢只是統治者一句門面的説話罷了。

重賢難，識才更難。世上濫竽充數的南郭先生實在太多，一時間難以識穿，卻壅塞着重要的位置。而真正有才華的人，往往不肯為五斗米折腰，於是「祇辱於奴隸人之手，駢死於槽櫪之間」。韓愈《雜説四》以養馬為喻，狠狠批評執政者不懂得甄別、發掘人才，結果白白把千里馬（人才）糟蹋了。這些道理，居於上位的人怎會明白。《説苑‧尊賢》記載了一個故事，衛君問田讓：「我拿出了

封侯的賞賜，為甚麼賢士沒有到來呢？」田讓回答：「您的恩賜，並非論功行賞；您的誅罰，卻不可據理規避。就像拿起棍子呼狗過來，彎弓搭箭召喚雞群；香餌在前，無人問津，那是因為害大於利啊！」作為領袖，雖掌握了賞罰之柄，要做到賞罰分明，又談何容易呢？

孟子曾提出一套「識賢」理論：「左右皆曰賢，未可也；諸大夫皆曰賢，未可也；國人皆曰賢，然後察之；見賢焉，然後用之。」（2.5.5）賢能與否，怎去分辨？最簡單的方法就是先加以試用，然後廣開言路，開張聖聽，蒐集不同階層人員的意見，以作定奪。當大家都認為這個人不錯了，還要親自觀察一段時間，才加以重用。孟子這套方法，雖然管用，但又有多少國君，能夠這樣費力勞神地選用人才呢？

《説苑·尊賢》記載了很多有趣的重賢故事。淳于髡是一個禿頭矮子，出身為齊之「贅婿」，以滑稽多辯聞名，卻代表齊國出使各國。在 2.5.6 的故事中，他旁敲側擊，數落齊宣王愛馬、愛美食、愛美色，獨不愛賢士。齊宣王還想強辯，但淳于髡的論述，佈局實在太仔細了，直指齊宣王假惺惺好賢，卻沒有切實去訪賢、求賢，那麼賢士又從何而來呢？又如擁立周平王有

功的晉文侯姬仇，在位三十五年，總算一方霸主。一次，他的車子要登山，一班大夫都擁上去扶着車子，大臣士會卻不去扶。文侯問：「士會呀！做臣子的這樣狠心對待他的國君，該治他甚麼罪？」士會回答：「該治他雙重死罪。」文侯問：「甚麼叫雙重死罪？」士會答：「除了自己該死，妻子兒女也該殺。」士會又反問：「您為甚麼只問做臣子的狠心，該治甚麼罪，卻不問做國君的狠心，會有甚麼結果呢？」文侯説不上來。士會補充説：「做國君的狠心對待臣子，有智謀的人不會為他出謀獻策，有辯才的人不再為他奔走，仁士不會跟隨他，勇士不會為他效力。」晉文侯馬上拉着車繩下了車，向大夫們致歉説：「我的腰腿有毛病，勞煩了大家，請各位大夫不要怪罪。」可見君主擺着高高在上的架勢，真正的賢士不會為他效力。士會深明大義，不卑不亢，給予文侯當頭棒喝，結果文侯謙虛認錯，君臣相得，成為佳話。

所以，重賢的好處許多國君都明白，但要做到識賢、尊賢，那就絕不簡單了。

想一想 公司敍用執行官，一位德大於才，一位才大於德，任你揀選，你會怎樣決定？試説明原因。

　　《論語》中不乏記述孔子與弟子相處的篇章，師生之間無所不談，無論談學問、談修養、談政治、談生活、談理想，俱暢所欲言，各有所得，達到教學相長。另外，孔子教導學生，或鼓勵、或曉喻、或讚賞、或批評，均能針對學生的各自特點，做到因材施教。試看看以下這幾則：

原文 子路曰：「子行三軍，則誰與？」子曰：「暴虎馮河，死而無悔者，吾不與也。必也臨事而懼，好謀而成者也。」（《論語・述而》）

譯文 子路說：「您帶兵作戰時，會跟誰在一起呢？」孔子說：「赤手空拳打老虎，赤着雙腳過深河，死了也不知後悔的人，我不會跟他在一起。我需要的是那種謹慎戒懼、以智謀取勝的人。」

原文 季氏富於周公，而求也為之聚斂而附益之。子曰：「非吾徒也。小子鳴鼓而攻之，可也。」（《論語・先進》）

譯文 季氏比周公還富有，冉有還在幫他搜括民財。孔子說：「他不是我的學生，你們可以大張旗鼓去聲討他。」

原文 宰予晝寢。子曰：「朽木不可雕也，糞土之牆不可杇也，於予與何誅。」子曰：「始吾於人也，聽其言而信其行；今吾於人也，聽其言而觀其行。於予與改是。」（《論語・公冶長》）

譯文 宰我白天睡大覺。孔子說：「腐爛的木頭無法雕琢，糞土的牆壁無法粉刷，對於宰我，我能拿他怎樣？」孔子又

說：「以前我看人，他說甚麼，我信他可以做到；現在我看人，聽他說，再看他怎樣做。是宰我把我徹底改變了。」

原文 子路、曾皙、冉有、公西華侍坐。子曰：「以吾一日長乎爾，毋吾以也。居則曰：『不吾知也！』如或知爾，則何以哉？」子路率爾而對曰：「千乘之國，攝乎大國之間，加之以師旅，因之以饑饉；由也為之，比及三年，可使有勇，且知方也。」夫子哂之。「求！爾何如？」對曰：「方六七十，如五六十，求也為之，比及三年，可使足民。如其禮樂，以俟君子。」「赤！爾何如？」對曰：「非曰能之，願學焉。宗廟之事，如會同，端章甫，願為小相焉。」「點！爾何如？」鼓瑟希，鏗爾，舍瑟而作。對曰：「異乎三子者之撰。」子曰：「何傷乎？亦各言其志也。」曰：「莫春者，春服既成。冠者五六人，童子六七人，浴乎沂，風乎舞雩，詠而歸。」夫子喟然歎曰：「吾與點也！」三子者出，曾皙後。曾皙曰：「夫三子者之言何如？」子曰：「亦各言其志也已矣。」曰：「夫子何哂由也？」曰：「為國以禮，其言不讓，是故哂之。」「唯求則非邦也與？」「安見方六七十如五六十而非邦也者？」「唯赤則非邦也與？」「宗廟會同，非諸侯而何？赤也為之小，孰能為之大？」（《論語‧先進》）

譯文 子路、曾皙、冉有、公西華陪坐，孔子說：「不要顧及我年長，不敢講真話。你們經常說，沒人理解你們。如果有人理解並重用你們，你們打算做甚麼？」子路急忙說：「有千輛戰車的中等國家，夾在大國之間，外有強敵

入侵，內有饑荒為患，我來管理，只須三年，可使國人有勇氣，個個講道義。」孔子報以微笑。「冉求，你怎樣？」冉求答：「方圓六七十里，或五六十里的地方，我來治理，只要三年，可使百姓足食足衣。至於禮樂教化，要等其他君子來應付。」「公西赤，你怎樣？」公西赤答：「我不敢說能治理好，但願意學習。祭祀的事情也好，外交的事情也好，我願穿着禮服、禮帽，做個贊禮的人。」「曾點，你怎樣？」曾點彈琴正接近尾聲，然後鏗地一聲收住曲子，站起來說：「我與他們三位講述的不同。」孔子說：「說說有甚麼關係？只是各談志向罷了。」曾點說：「暮春三月，穿上春天的薄衫，約上五六個青年朋友，帶上六七個童子，在沂水邊沐浴，在求雨壇的高坡上吹吹風，一路唱着歌回去。」夫子感歎說：「我欣賞曾點的說法。」其他三人走後，曾點問：「他們三人的話怎樣？」孔子說：「只是各談志向罷了。」「老師為何笑仲由呢？」「治國要講禮讓，他的話裏沒一點謙虛，所以笑他。」「冉求談的不也是治國嗎？」「怎麼見得治理方圓幾十里的地方就不是治國呢？」「公西赤談的是治國嗎？」「主持祭祀和外交，不是國家大事是甚麼？如果公西赤只算小小的贊禮，那還有誰比他大？」

在前三章中，孔子為何批評子路、冉有和宰我？你認為夫子對他們有何期望？

 在第四章「四子侍坐」章中，孔子對四位弟子各有何評價？孔子「吾與點也」的原因何在？又從中可見師生之間有何相處之道？試加分析。

在前三章中，孔子為何批評子路、冉有和宰我？你認為夫子對他們有何期望？

子路

批評：子路自誇勇氣，覺得孔子帶兵打仗，要找幫手，正是捨我其誰。但孔子批評子路好勇鬥狠，就像徒手鬥猛虎、赤腳過深河，至死而不悔。作為將帥，要顧全局，講謀略，也要保護部下性命，不會作無謂犧牲。故此，甘冒虎口，只算匹夫之勇，除了枉送性命，實於事無補。

期望：孔子給子路的忠告是「臨事而懼，好謀而成」，也就是打仗時要小心謹慎，用智不用力。其實這段話尚有前文，孔子對顏淵說：「受重用時，就展露才華；不受重用時，就韜光養晦。只有我和顏淵能做到！」孔子認為外間環境不受我們控制，故此輕率冒進，實無補於事。君子要做到的是，堅持理想和原則，小心謹慎，堅持到底。

冉有

批評：季氏是魯國之卿，把持政令，而冉求是季氏家宰。通過冉求說項，孔子在外流離十四年後，終被季氏派人迎回魯國，尊為國老。季氏打算增加田賦，叫冉求問孔子，希望身為國老的孔子表態支持，以作回報。但孔子三問三不知，還教訓冉求「斂從其薄」，態度堅決，絕不妥協。孔子認為季氏以諸侯之卿，富於周公，皆因剝削民脂

民膏，而冉求助紂為虐，見利忘義，所以叫弟子鳴鼓攻之。

期望：就着這件事，孔子跟冉求說得很清楚：「度於禮，施取其厚，事舉其中，斂從其薄。」行事應以禮為法度，不可超越禮的規定，季氏聚斂，實為僭禮。君子行事，施與人民要豐富，處理事情要適中，收取賦稅要輕薄。換言之，孔子不希望冉求幫助季氏聚斂，訓示他要依禮而行，懂得甚麼事該做，甚麼事不該做。

宰我

批評：孔子批評宰我白天睡大覺，是「朽木不可雕也，糞土之牆不可杇也」，這兩句話罵得好狠。今天孩子晚睡，白天都提不起精神，可能會同情宰我。但孔子還加上一句「於予與何誅」（我能拿他怎樣），那應該是屢勸不改了。孔子又說：「以前我看人，總是他說甚麼，我信甚麼；現在我看人，聽了他說，再看他做。因為宰予，我改了過來。」那是指斥宰我答應改過後，不守信用，一而再，再而三地繼續躲懶。所謂懶病難醫，所以孔子狠狠地批評他。

期望：惰性大的人很難作出改變，振作了一回，不久又沉淪下去了。有時滿口答應了改好懶病，但一到想睡覺，又難以堅持下去。孔子批評得這麼狠，都是希望宰我改掉懶病，重新振作起來。

在第四章「四子侍坐」章中，孔子對四位弟子各有何評價？孔子「吾與點也」的原因何在？又從中可見師生之間有何相處之道？試加分析。

「四子侍坐」章是《論語・先進》的最後一章，由「孔子問志」「四子述志」和「孔子評志」三部分組成。全文僅僅 315 字，藉着師生問答的方式，展現出一幅孔子跟四位弟子平等交流、暢言己志、和諧愉快的教學場景。

對話中，孔子先讓弟子各言志向，設定的前提是：（1）不要因老師是長輩的關係，就不敢説真話；（2）不要説自己不受賞識的話，假設受到賞識，可以盡情發揮。

孔子對四位弟子的評價

● 子路

子路是個急性子，聽老師這麼一問，馬上就回答：「有千輛戰車的中等國家，夾在大國之間，外有強敵入侵，內有饑荒為患，我來管理，只須三年，可使國人有勇氣，個個講道義。」

子路是孔門弟子中的狂者，極有自信，而且為人勇武。但「率爾」一詞，表現出他性格上較為魯莽和輕率的一面。不過，既然孔子説過大家可以無所不談，那麼單從子路這幾句話來看，可以看出子路是一個有抱負、自信、勇敢和坦誠的人，對於領導一個國家，充滿着雄心壯志。

作為老師，對於這樣充滿鬥志的學生，應該感到高興才是；那孔子為甚麼「哂由」呢？「哂」，是微笑的意思。夫子聽了子路的話，微微一笑，並沒有再加任何評論。有人懷疑「哂」有譏笑之意，那當然不是。既然有言在先，大家可以隨意發言，作為老師的又怎麼能批評學生的宏圖志願呢？故此，孔子之所以會微笑，按他後來向曾點解釋，是因為子路的態度，而非子路的志向。子路既然想治理好「千乘之國」，那是有相當規模的邦國了，已跟魯國差不多，還要訂下三年期限，汲汲於讓人民勇武，也就是讓國家強大起來。這樣一個時間表是否可行呢？但子路「率爾」回答，話語之間顯得急躁和沉不住氣，態度一點也不謙虛，就跟治國要講求禮讓的原則相違背了。

● 冉有

冉有說：「方圓六七十里，或五六十里的地方，我來治理，只要三年，可使百姓足食足衣。至於禮樂教化，要等其他君子來應付。」

冉有所說這句話，跟子路說的形成了鮮明的對照。先說方圓六七十里，忽又變小為五六十里的國家，也許因為見到「夫子哂由」，故此變得謙虛、謹慎起來。冉有善於理財，所以他想着力使人民吃飽穿暖，也是較為務實的想法；至於這個國家的禮樂教化，他就認為要等有能力的君子來經營。總之，冉求知道自己甚麼行，甚麼不行，想法較為穩重。而從「安見方六七十如五六十而非邦也者」一

語，可見孔子是肯定冉有的遠大理想和雄心壯志的。

● 公西華

公西華説：「我不敢説能治理好，但願意學習。祭祀的事情也好，外交的事情也好，我願穿着禮服、禮帽，做個贊禮的人。」

公西華的答話，愈發顯得謙退了，也流露出謙恭有禮、嫻於辭令的性格特點。他不敢説自己能夠如何如何，只説願意學習，卻沒有信心把國家治理好，那顯得稍欠自信。不過，正如孔子最後指出，公西華説在宗廟主持祭祀之禮，在朝堂負責會賓之禮，也是佐理諸侯的工作，行王佐之事。如果公西華只算小小的贊禮，那還有誰比他大？可見公西華也是志向不小。

● 曾點

曾點是曾參的爸爸。當孔子問到曾點，他正在彈琴，接近尾聲，然後鏗地一聲收住曲子。曾點這一連串動作，不急不躁，十分優雅。他站起來説：「我與他們三位講述的不同。」孔子説：「説説有甚麼關係？只是各談志向罷了。」

曾點説：「暮春三月，穿上春天的薄衫，約上五六個青年朋友，帶上六七個童子，在沂水邊沐浴，在求雨壇的高坡上吹吹風，一路唱着歌回去。」曾點描繪了一幅眾人在大自然裏沐浴臨風、酣歌暢詠的動人畫面。孔子與他的學生，都各有政治抱負，但理想能否完全實現，卻不是完

全操縱在自己手上。先前三子各言抱負，都有一共通點，即輔助諸侯，對外建立事功。用現在的話來說，就是要幹一番事業。但曾點不談高遠理想，而是親切地與人民共處，人與人之間，不分長幼，不分高低，不分你我，一起享受美好的時光。這其實是從側面反映仁政理想的實現：知禮守禮、生活美好、和諧共處。

最後，夫子喟然歎曰：「吾與點也。」

孔子「吾與點也」的原因

孔子讓弟子各言其志，為甚麼最後說「吾與點也」？就着這個問題，歷來都有不同看法。曾點說的那番話，有畫面，有深情，千百年來曾讓多少人悠然神往？但這簡簡單單的描述文字，中間寄託了一套怎樣的政治理想呢？有人從積極的角度理解，認為曾點主張禮治，話語中描述的是禮治的結果，一片太平盛世的圖像，與孔子「禮治」「仁政」的政治主張不謀而合。反之，也有人從消極的角度去理解，認為曾點「不求為政」，這跟孔子晚年的隱退避世思想相吻合。就着「吾與點也」的討論，恐怕各言其是，難有一致的答案。不過，我們仍然可以爬梳一下段落中的片言隻字，猜度一下孔子的想法。

● 為國以禮

孔子素來重視禮樂和教化。夫子所以「哂由」，正由

於「為國以禮，其言不讓，是故哂之」。子路講自己能治理好「千乘之國」，三年之內，由饑饉薦臻到足食足兵，把政治看得太簡單了，是不謙虛的。而且絕口不提禮樂之事，這個國家一天到晚打打殺殺，完全不講教化，那怎麼行？冉有志在治理好一個中等國家，講求的是「足民」，又説禮樂他是完全不行的。這不是跟孔子開玩笑是甚麼？至於公西華，志在為小相，談到「宗廟」「會同」之事，這都是禮樂的部分，但他説還是學學罷了。做了國相才去學習，那怎麼可能？由他們的回答可以看出，他們對於推動禮樂，壓根兒未有一些想法。只有曾點的回答，雖未明言禮樂教化，但暮春三月的春祭，帶領冠者五六人、童子六七人，着春服而出，踏歌詠而歸，這不就是最好的教化實踐嗎？禮樂教化不重誇大和空談，而是落實到真實的生活場景當中。故此，曾點這番話，才深深地打動了孔子。

● 道之不行

這段對話當發生在孔子晚年期間，因為侍坐的公西華比孔子小四十二歲，當在孔子返魯後才來向他學習。這時孔子已經沒打算積極從政了。《論語・公冶長》記載孔子的説話：「道不行，乘桴浮于海。從我者其由與？」也就是説：「理想無法實現了，我準備乘木筏漂到海上。會跟我走的，也許只有子路吧？」一般都拿這句話證明孔子晚年自知道之不行，政治理想無法實現，思想變得消極。

但對話當中，前面三子的論述都有一共通點，就是懷有

頗高的抱負志向，希望能建功立業，一展抱負。可惜回到現實，這些理想和抱負能夠達成的機會有多大哩？至於曾點，他已明言「異乎三子者之撰」，亦即比不上他們。何以曾點有這種感覺？因為他的志向是「不求為政」，完全沒有甚麼治國家的藍圖，而他的想法較為平實，故得到孔子讚許。

● 堅持理想

曾點所描述的場景雖然簡單樸素，卻是孔子畢生追求的理想政治境界。試想想，暮春三月，穿上春天的禮服，到河邊舉行春祭，有剛成年的人，有小孩子，大家洗洗澡，吹吹風，唱着歌，回家去。這是多麼愜意、多麼愉快的畫面！這跟孔子的政治理想：「老者安之，朋友信之，少者懷之」（《論語・公冶長》）簡直若合符節。這完全是一個人民息訟息爭、國泰民安、禮備樂足的大同社會。故此，道之不行沒有問題，所謂「窮則獨善其身，達則兼善天下」，即使無法執政，仍然可以堅持理想。例如教導學生、照顧子弟、教化人民，這些有意義的事情，還可以繼續做下去。而曾點正好契合了孔子內心的想法。所以有人說，曾點所描述的境界充滿着聖賢氣象。

師生之間有何相處之道

● 重視啟發，減少干預

孔子創設無拘無束的教學情境，提出開放式的問題，

鼓勵四子自由自在地說出個人志向抱負。談話期間，又能善於運用啟發誘導的教學方法，例如：「如或知爾，則何以哉？」「求！爾何如？」「赤！爾何如？」「點！爾何如？」等語，都能循循善誘，引導學生各抒己見，盡情發揮。此外，孔子由始至終只是一個細心的聆聽者，不作太多干預，也沒有中斷弟子發言，加插個人意見和看法。當初子路「率爾而對」，孔子覺得不妥，也僅是微微一笑罷了。最後曾點說出了他的志向，孔子才喟然歎曰：「吾與點也。」

● 互相尊重，相處融洽

「四子侍坐」章中，孔子與弟子相處，始終保持着平等對待的方式。例如：「以吾一日長乎爾，毋吾以也。」他讓弟子各言己志時，叫大家不要介意老師的年紀和輩分，大家隨意討論，氣氛融洽。當子路等三子講述完自己志向，孔子就問到一旁鼓瑟的曾點。曾點有點遲疑，那是因為他覺得：「異乎三子者之撰」，他的想法與其他三子觀點並不一樣。孔子便給予鼓勵：「何傷乎？亦各言其志也。」語調親切，完全沒有擺老師和長輩的架子。「四子侍坐」章展現出孔子師生之間，平等交流、暢言己志與和諧愉快的教學場景。

● 重視禮樂，確立志向

孔子的教學，始終不離禮樂。「四子侍坐」章描述的師生相處，是一種有禮的相處，孔子每一句話都謙和有禮。大家談話時，曾點在旁鼓瑟，充滿着謙謙君子的禮樂

情調。孔子覺得子路的率爾回答未能完全合於禮，即所謂「為國以禮，其言不讓」，所以發出會心微笑（「是故哂之」）。《論語・泰伯》說：「子曰：『興於詩，立於禮，成於樂。』」禮，講求立身，所以孔子誘導弟子各言己志，確立正確的人生方向。

● 因材施教，互相了解

孔子教導學生，一向運用因材施教的原則，根據弟子的個性和能力給予不同的誘導。為甚麼孔子能夠這樣成功，皆因他對每一學生的長處和缺點有充分的了解。

當四子言志時，他能細心觀察，例如子路的「率爾而對曰」，公西華「赤也為之小，孰能為之大」等，他都看在眼裏。其後他為曾點「評志」時，就解釋了「哂由」的背後原因，其實是壓一壓子路的「率爾」和「好勇」。而當初「吾與點也」一語，也給予曾點極大的鼓勵。

● 不憤不啟，不悱不發

《論語・述而》有「子曰：『不憤不啟，不悱不發』」的教學原則。換言之，不到學生想求明白而無法獲得時，不去開導他；不到學生想說卻說不出來時，不去啟發他。當四子侍坐，各人自言己志後，孔子沒有逐一評論。直至子路、冉有、公西華三子離開後，曾點留下來請教孔子。於是孔子為他評述各人志向，講出了自己的觀點。孔子這種教學方式，目的是讓學生加強自主學習和主動思考。

兄弟・朋友

兄友弟恭

道同志合

以友輔仁

樂多賢友

群而不爭

兄弟和朋友份屬同輩，都是五倫之一。兄弟是血緣之親，入於天倫；朋友因志同道合相交，有時更加情投意合。

「兄」字上「口」下「人」，表示一個人站在那裏，張大嘴巴，比手劃腳，指揮別人做事，於是有哥哥的含意。「弟」字象繩索纏繞着戈柄，表示整齊、次第、次序，再引申為兄弟之弟。古人十分重視尊卑長幼，有所謂「長兄為父」，弟弟必須服從和聽命於哥哥。當然，哥哥也要愛護和照顧弟弟，還要做好領頭羊的角色。總之，兄弟之間，必須和睦共處、長幼有序。

「朋」字象掛在橫木上的兩串貝殼，本義是貨幣單位，後來引申為朋友。「友」字象相同方向的兩隻手，並攏在一起，表示以手相助。故此，「朋友」有共同交往、方向相同、互相幫助和友情無價的含意。古人説：「同門曰朋，同志曰友。」無論求學路上，抑或人生路上，我們都會交上志同道合者。

兄弟姊妹，情同手足。成語「兄肥弟瘦」，講的就是趙孝和趙禮一對難兄難弟。漢末天下大亂，饑民遍野，餓得人吃人。趙禮不幸被盜賊捉住，正要被拿來做食物。趙孝得知後，綁起自己去見盜賊，説弟弟太瘦了，看我多肥美，不如吃

我吧。盜賊深感敬佩，把兩人放了。我們把這種互相友愛的兄弟關係，稱為「友于之誼」。至於古語說的「兄弟鬩于牆，外禦其侮」，講兄弟們雖然在家裏有矛盾，時有爭吵，但依然一致抵禦外侮。

朋友的關係可複雜多了。我們有金蘭契友、良師益友、清交素友，但也有面朋口友、酒肉弟兄、豬朋狗友。我們擇友，固可以文會友、相交以信、取友必端，甚至情逾骨肉、許友以死；但凶終隙末、星滅光離、出雲入泥、賣友求榮、重色輕友者，也不在少數。

時代在變，今天的家庭已不提食齒浩繁，而只有少子化；我們也不再說青蠅弔客，因為人際交往變得頻密了。儘管這樣，古人講兄友弟恭，談交友之道，非常仔細，至今仍然有參考價值。

3.1

兄友弟恭

3.1.1　子曰：「弟子入則孝，出則弟，謹而
[悌]
信，汎愛眾，而親仁。行有餘力，則
[泛]
以學文。」

《論語・學而》

3.1.2　有子曰：「其為人也孝弟，而好犯上
[悌]
者，鮮矣；不好犯上，而好作亂者，
未之有也。君子務本，本立而道生。
孝弟也者，其為仁之本與！」

《論語・學而》

語譯　孔子說：「年輕人在家裏該孝順父母，在外面敬愛兄長，做事謹慎、誠信，關愛群眾，親近有仁德的人。躬行實踐之後，倘有餘力，再去學習文化知識。」

說明　孔子為我們提供一條修養的進路：孝是基礎，悌是樞紐，繼而在人際相處當中學習嚴謹、誠信，再而懂得關懷愛護別人，與志同道合者走在一起。

語譯　有子說：「孝敬父母、敬愛兄長，卻老是跟尊長抬槓，這類人應該不多吧；不喜歡冒犯尊長，卻喜歡為非作亂的人，從來就沒有。做人首先要從根本上下工夫，鞏固了根本，就能走上正確的人生道路。孝敬父母、敬愛兄長，就是仁的基礎吧！」

說明　一個人懷着敬慎的態度，處理好他在家庭中的角色身分，與家庭成員保持和睦的關係；當處境換到同學、朋友、同事的圈子裏，他依然能和睦共處，應付裕如。

3.1

兄友弟恭

3.1.3 子曰：「君子之教以孝也，非家至而日見之也。教以孝，所以敬天下之為人父者也；教以悌，所以敬天下之為人兄者也；教以臣，所以敬天下之為人君者也。《詩》云：『愷悌君子，民之父母。』非至德，其孰能順民，如此其大者乎？」

子曰：「君子之事親孝，故忠可移於君，事兄悌，故順可移於長，居家理，故治可移於官。是以行成於內，而名立於後世矣。」

《孝經》

3.1.4 孟子曰：「人之所不學而能者，其良能也；所不慮而知者，其良知也。孩提之童，無不知愛其親也；及其長也，無不知敬其兄也。親親，仁也；敬長，義也。無他，達之天下也。」

《孟子·盡心上》

語譯　孔子說：「君子用孝道來教化人民，無須登門入室、耳提面命才能教。君子以孝道教人，使凡為人子者皆知盡事父之道；君子以悌道教人，使凡為人弟者皆知盡事兄之道；君子以臣道教人，使凡為人臣者皆知盡事君之道。《詩經・大雅・泂酌》說：『君子平易近人，宜為人民的父母。』如果沒有至高無上的美德，有誰能順應民心，而有如此大的成效呢？」

孔子說：「君子侍奉父母能盡孝道，因此可以把這種孝心推移去效忠於國君；侍奉兄長能盡悌道，因此可以把這種敬心轉移去服從於長官；在家凡事能治理得很好，因此可以把這種方法移來辦理政務。所以，在家裏能把孝悌實行得完滿，名聲也必顯揚於後世了。」

說明　一個人在家能孝順父母，尊敬兄長，把子弟的身分角色做好，自可「移孝作忠」，把敬慎忠誠的態度應用到其他方面，將工作上、社會上的崗位也履行得恰到好處。

語譯　孟子說：「一個人不必學習就能做到的，是良能；不必思考就懂得的，是良知。三歲小兒，沒有不愛爸媽的；等到他長大，沒有不知道敬愛哥哥的。親愛父母，出自本心；敬愛兄長，那是道理。再沒有別的東西，比仁、義這兩樣品德更加重要了。」

說明　孟子認為愛爸媽純然出自天性，敬愛兄長是經過後天學習和熏陶，慢慢懂得其中道理，再確立起來的。

兄友弟恭

3.1.5　所謂治國必先齊其家者，其家不可教而能教人者無之。故君子不出家而成教于國：孝者，所以事君也；悌者，所以事長也……《詩》云：「宜兄宜弟」，宜兄宜弟，而後可以教國人。《詩》云：「其儀不忒[惕]，正是四國。」其為父子兄弟足法，而後民法之也。此謂治國在齊其家。

《大學》

3.1.6　兄弟鬩[益]於牆，外御其務（亦作「侮」）；每有良朋，烝[晶]也無戎。

《詩經·小雅·常棣》

語譯　治理國家必須先管理好自己的家庭，因為家人也管教不好卻能管教好別人，那是沒有的。故此，君子在家裏就已做好國人的典範：孝順父母可以用於侍奉君主；兄友弟恭可以用於侍奉尊長……《詩經》說：「宜兄宜弟」。兄弟和睦了，然後才能讓一國的人都和睦。《詩經》又說：「容貌舉止莊重嚴肅，成為四方國家的表率。」一個人做好父親、兒子、兄長、弟弟等身分角色，老百姓必定會效法他。這就是要治理國家必須先管理好家庭的道理。

說明　古人相信在上位者，「一家仁，一國興仁」，品德有着極大的感染力。故此，要治國，必先齊家，而孝悌正是齊家的基礎。

語譯　兄弟在家裏相爭，可同心抗禦外侮；即使有好的朋友，總是沒有來幫助。

說明　常棣，即棠棣、郁李，是一種薔薇科灌木植物。《小雅》詩人以棠棣花起興，抒發「凡今之人，莫如兄弟」的感情。兄弟姐妹之間，同根所生，成家之後，難免產生矛盾，但當遇到外人欺負，總能團結起來，加以對付。後人以「棠棣之情」，表示兄弟情誼。

中國傳統文化，素重孝悌。孝道大家都懂得，那「悌道」指甚麼呢？原來血緣關係中，父子最為親近，其次就是兄弟姊妹了。「悌」這個字，右邊是「弟」，左邊是豎心旁，解作「善兄弟也」。這個「善」，就是親愛。一方面表示做弟妹的要尊敬哥哥，聽哥哥的話；另一方面表示作為兄長的，要關懷和照顧弟妹。兄弟姊妹間彼此要心連着心，長幼有序，做到兄友弟恭，姊妹和睦。

《論語》首篇《學而》就指出：「弟子入則孝，出則弟。」(3.1.1) 何謂入孝、出悌？原來孔子相信孝是最直接和自然而然發生的，成為一切道德行為的起點，所謂「百行以孝為先」，就是這個意思。當一個人能盡孝，那就懂得服從和尊重，於是對着君上可移孝作忠（「忠可移於君」），對着長輩也懂得隨順、遵從（「順可移於長」）。故此，「入」是一個發生過程，「出」是一個變化過程。用孟子「良知良能」的觀點 (3.1.4)，「孩提之童」所以愛父母，盡孝道，那是天性使然，不用後天學習即已具備的人類本能；「及其長也」，漸漸懂得兄友弟恭的道理，那是後天學習所得的「悌道」。再者，兄弟之間的恭敬友愛，可以擴展成朋友間相親相愛的「友道」。《孝經》說：「教以孝，所以敬天下之為人父者也；教以悌，所以

敬天下之為人兄者也。」(3.1.3) 故此，由「入孝」而「出悌」，正是一個人品格的成長過程。孝是這個修養旅程的入手起點，而悌是由天賦本能通向後天學習的進道通衢。就在孝悌的基礎上，我們的品德逐步提高，繼而懂得「汎愛眾」，關愛不相識的人，再而親近仁人君子，達到仁愛的較高境界。由孝道，而悌道，再引出友道，而達於仁道，這有點相近於三綱八目中修身、齊家、治國、平天下的路子，並由孝道的私德，經悌道轉向關愛別人、熱愛社群的公德方向。

那麼，兄弟之間的感情該是怎樣的？《詩經‧小雅‧常棣》講：「凡今之人，莫如兄弟。」也就是我們常說的「打死不離親兄弟」（情莫切於兄弟），因為在這世上，只有兄弟姊妹跟自己一塊長大、骨肉相連。兄弟姊妹是天倫關係，皆為父母所生，基於血緣，身分無法改換，彼此沒有選擇的餘地。所以有人說：「兄弟如手足，妻子如衣服；衣服破了猶可補，手足斷了不可續。」這話說得多難聽，但兄弟如手如足，血肉相連，也是事實。古代大家庭中，兄弟各自成家立室後，人多了，衝突的機會也多了；各愛妻室，也是情理之常。因此，兄弟之間能否把關係處理好，直接影響到整個家庭的穩定。《禮記‧禮運》說：「四體既正，膚革充盈，人之肥也。父子篤，兄弟睦，夫婦和，家之肥也。」今天我們過年寫揮春，就有「家肥屋潤」這句。那是說家人關係良好，兄弟和睦，夫

妻融洽,家庭就富足。今天我們不是常常説「家和萬事興」嗎?

記得《周易・繫辭上》一句話:「二人同心,其利斷金;同心之言,其臭如蘭。」這是成語「兄弟同心」「義結金蘭」的出典。意思是兄弟之間要同心協力,那就志比金堅;氣味相投,那就芳香如蘭。總之大家要一條心,不要爭吵。《魏書・吐谷渾傳》有「折箭訓子」故事。國王阿豺有二十個兒子,臨終前阿豺叫他們各拿一支箭來,把箭折斷後放在地上,他們都一一做到了。阿豺又叫人拿十九支箭來,合為一把,讓大家再試,結果誰也折不斷。阿豺於是説出「單者易折,眾則難摧」的道理。又孔融讓梨的典故,大家都耳熟能詳,其實孔融還有「兄弟爭刑」的故事。當時黨錮禍起,孔家因為收留通緝犯張儉而被追究。張儉是孔融哥哥孔褒的好友,十二歲的孔融向訊問官員坦然承認窩藏之罪;哥哥孔褒亦不懼死亡,全攬罪責;至於母親,也以家長身分願意承擔責任。孔門一家爭義,母子情深,兄弟情重,大義凜然,成就了卓犖的家風。

有人說：現今家庭規模變小，父母都奉行「一孩政策」，悌道已是名存實亡了。這話固然有其道理。從前家庭孩子眾多，時有爭吵，父母也不用費心調解，因為大家庭就是一個鎔爐，兄弟姊妹共同修煉其中，時有紛爭，但慢慢下來，總會懂得讓着對方。至於今天，我們常見整個家庭圍繞着一位「小公主」或「小王子」團團轉。有些孩子在學校受到欺負，「直升機父母」會帶着孩子去問罪興師。於是，孩子從小就失去了學習相處互動的機會，甚且嬌生慣養，有己無人，妄自尊大，無法體諒別人，與人和睦共處。如果發生這種情況，那當然十分可惜。然而，今天的學校，為孩子提供了許多聯課活動的機會，也十分重視孩子德育和群育的發展。這些學習機會都是古人所無的，只要同學之間互相尊重，互相友愛，自可契若金蘭。悌道與友道，一脈相連，情同兄弟，親如姊妹，同學之間，並不鮮見。

想一想

有人說：兄弟姊妹的關係比朋友關係更難處理，你是否同意這種說法？為甚麼？

道同志合

3.2.1 子曰：「道不同，不相為謀。」

《論語·衞靈公》

3.2.2 匹夫不可不慎取友。友者，所以相有也。道不同，何以相有也？

《荀子·大略》

3.2.3 子曰：「主忠信。毋友不如己者，過則勿憚改。」

《論語·子罕》

語譯	孔子說：「所走的路不同，就不必相互商量謀劃。」
說明	善惡邪正，是各自的選擇；彼此方向、志趣既不相同，那就無法共事。人與人之間固然要保持和諧，但對方離我而去，少交一個損友，也不覺得可惜。

語譯	士子不可不慎重選擇朋友。朋友，是用來相互交流促進的；彼此的理想和追求不一樣，又怎麼相互交流促進呢？
說明	「相有」就是互通有無，彼此向對方學習。

語譯	孔子說：「君子以忠誠信實為本，不要結交不如自己的朋友，犯了錯，不要怕改正。」
說明	不如己，是指品德上的不如。品格上等而下之的人，我們必加提防；對方是黑社會、壞分子，更不可結交。但並非完全不去結交不如自己的朋友，也不是要求朋友都要超過自己，這是不可能的。只要懷着忠誠信實之心，互相尊重，互相督促，就能發揮相規以善的朋友之道。

道同志合

3.2.4　子夏之門人，問交於子張。子張曰：
「子夏云何？」對曰：「子夏曰：『可
者與之，其不可者拒之！』」子張曰：
「異乎吾所聞！君子尊賢而容眾，嘉
善而矜不能。我之大賢與，於人何所
不容？我之不賢與，人將拒我，如之
何其拒人也！」

《論語·子張》

3.2.5　子曰：「可與共學，未可與適道；可
與適道，未可與立；可與立，未可與
權。」

《論語·子罕》

語譯　子夏的學生問子張交友之道，子張反問：「子夏怎麼說？」答：「子夏說：『可以交朋友的人就相交，否則就拒絕。』」子張說：「我聽到的道理與這說法不同。君子尊重賢人，也容納眾人；讚揚善人，也同情弱者。如果我是個大賢人，那甚麼人不能容納？如果我是個不賢的人，人人都會拒絕我，那我又怎麼能拒絕人家呢？」

說明　子夏、子張，兩人分屬同門，但領略有所不同。孔子說過：「師也過，商也不及。」兩人性格寬緊不一，對朋友的看法也有不同。子夏對交友要求嚴格，有點拒人於千里之外。子張主張容眾，來者不拒，固然胸懷廣闊，但對於損友也不能不慎。

語譯　孔子說：「共同學習，不一定可以成為同道；可以成為同道，不一定能堅持下去；能堅持下去，不一定能合理地作出靈活的抉擇。」

說明　學、道、立、權，是學道結友的四個境界。首先是共同求學，但所學不盡相同，有人修身立品，有人求田問舍。適道是彼此依着聖人之道啟步同行。立是修道者能知書達禮，立定根基。權是因應情況，表現出通權達變的智慧。例如《中山狼傳》中，東郭先生迂腐拘泥，為了濟物而救狼，差點死於狼吻，這是仁陷於愚，不知變通的表現。

3.2.6　孔子曰：「吾死之後，則商也日益，賜也日損。」曾子曰：「何謂也？」子曰：「商也好與賢己者處，賜也好說不若己者。不知其子視其父，不知其人視其友，不知其君視其所使，不知其地視其草木。故曰與善人居，如入芝蘭之室，久而不聞其香，即與之化矣。與不善人居，如入鮑魚之肆，久而不聞其臭，亦與之化矣。丹之所藏者赤，漆之所藏者黑，是以君子必慎其所與處者焉。」

《孔子家語·六本》

語譯　孔子說：「我死之後，子夏的學問會越來越好，但子貢卻會退步。」曾子問：「為甚麼呢？」孔子說：「子夏喜歡跟比他賢明的人在一起；子貢卻喜歡跟不如自己的人在一起。不了解孩子如何，可以看看他的父親；不了解一個人，看他交往的朋友；不了解君主，看他任用的人；不了解地理環境，看看生長的草木。所以說，跟善人在一起，就像沐浴在蘭室當中，時間長了就聞不到香味，本身已經同化了；和不善人在一起，就像置身魚欄，時間長了就不覺得臭，也是被環境同化了。放朱砂的地方，時間長了，會染成紅色；藏漆的地方，時間長了，變成黑色。所以君子必須謹慎選擇跟哪些人走在一起。」

說明　這是後人記載的故事，主要是支持子夏極為嚴謹的交友之道。當中「芝蘭之室」與「鮑魚之肆」兩喻，極形象地指出習染對人產生的影響。

古人講交友之道，首重慎交擇友。為甚麼呢？因為在成長過程中，我們總離不開朋友。小學以前，經常留在家中，與父母弟妹一起的時間較多。當升上中學、大學後，我們大部分時間都跟朋友在一起，耳濡目染下，朋友的影響力就超過了家庭。故此，選擇朋友又怎能不慎而重之？《荀子·勸學》就指出：「君子居必擇鄉，遊必就士。」當年孟母三遷，由墳場旁搬到市集邊，再搬到學校附近，不外是希望小孟子能跟喜歡學習的小朋友走在一起。所謂「近朱者赤，近墨者黑」，雖是老生常談，但也是鐵一般的道理。

孔子曾說：「道不同，不相為謀。」（3.2.1）大家要有共同的志向與人生目標，這樣才能產生精神上的共鳴。《荀子·大略》也說：「匹夫不可不慎取友。友者，所以相有也。道不同，何以相有也？」（3.2.2）朋友之間，要做到「相有」，也就是互通有無，互相需要，互相補足。如果大家的志向、興趣和價值觀並不相同，勉強走在一起，久而久之，必然話不投機，產生衝突，結果是交惡收場。如果為求保持友誼，勉強遷就對方，就只會失了自己的方向和尺寸，於人於己，均無好處。

孔子曾提出一條交友的金律，那就是：「毋友不如己者」(3.2.3)。有人懷疑那豈不是教我們攀權貴、傍大款，把朋友分階級、分類別？那倒不是。老先生也說過：「三人行必有我師焉，擇其善者而從之，其不善者而改之。」（《論語‧述而》）我們跟人家相處，先不存在任何偏見、成見，好好向人家學習，每一個人都有好的一面，也有不足之處，都能讓我們不斷反省和作出改善。其次，正如古語所說：「學無前後，達者為先」，我們不一定要求對方在這一刻就要比自己強，只要大家都朝着共同的方向努力，就可相交為友。換言之，「如己」與「不如己」，是指大家人生方向上是否相同。當遇上不走正道的人，彼此人生方向南轅北轍，可謂風馬牛不相及，那又如何為友？還是各走各路為妙吧。

有一次，孔子跟學生說：「我死了之後，子夏會一天一天進步，子貢會日漸退步。」曾子問：「這話從何說起呢？」孔子說：「子夏老是跟強過自己的人在一起，子貢掛在口邊的都是那些差他太遠的人。要了解一個人，看看他周圍的朋友就知道了。」(3.2.6) 花香撲鼻的蘭室，久處其中，不覺其香；臭氣熏天的魚欄，呆久了，不知其臭。這不僅僅是環境的問題，還有你自己本身已被習染同化了。當你包容了朋友的缺點，就等於接納了他這種錯誤的做法，而一道品德修養的防線亦隨之失守。《周易‧文言》說：「同聲相應，同氣相求。」睢鳥在沙洲上鳴叫，另一隻睢鳥也會關關和應，但旁邊的水牛卻沒有產生共鳴，不會躍躍欲試

地作出反應。朋友之間,容易物以類聚,因為大家有着共鳴和互相需要。馮夢龍《警世通言》說:「門內有君子,門外君子至」,這是風行草從的道理。反之,臭味相投的人互相勾結在一起,沆瀣一氣,同流合污,那後果就十分嚴重了。

對於「毋友不如己者」這句話,孔門內部也有着不同意見。子夏的學生問子張怎樣交朋友,子張反問:「子夏怎麼說?」學生回答:「他說可以為友的人就相交,否則就拒絕。」子張說:「這跟我聽到的不同。君子尊重賢人,也要容納眾人;讚賞善人,也要同情弱者。如果我是個大賢人,有甚麼人我不能容納呢?如果我十分差勁,人人都不肯跟我交往,那我拿甚麼去拒絕人家呢?」(3.2.4)這個說法固然可以成立,尤其對於那些自制力和把持力很強的人來說,並無不妥。但孔子擇友的條件並非針對個人的才幹和能力,而是他的人生方向。他教那些有志求學的人對交友要有戒心。孔子說:「群居終日,言不及義,好行小慧,難矣哉!」連萬世師表都只能說那些無所用心的人「難矣哉」,我們作為凡夫俗子,又憑甚麼本領去交結和幫助他們呢?只怕「從井而救人」,最後只會落得身陷其中、無法自拔的收場。

此外，對「朋友」這個詞語的理解，每人不同。有人甚至把朋友再作區分：有深交、淺交，以至泛泛之交，交淺不能言深，濫交損友就為害不淺。孔子對於朋友，有不同理解：「可與共學，未可與適道；可與適道，未可與立；可與立，未可與權。」(3.2.5)學、道、立、權，是交友的四個境界。同學結緣於學問，但人生理想未必相同；有人追求道義，有人熱衷財利虛名。到了彼此是同道中人，追求共同理想，但意志未必都能夠立定；有人始終堅持，有人卻半途而廢。甚至彼此志同道合了，都確立了奮鬥的根基，但輕重取捨之間，態度和價值觀又有不同。我們都讀過管寧、華歆兩個同學（「可與共學」）園中鋤菜的故事。兩人見地有片金，「管揮鋤與瓦石不異，華捉而擲去之」。換言之，管寧心中只有道義這個目標，華歆在財利面前稍有點猶疑（「可與適道」？「未可與權」？）。「又嘗同席讀書，有乘軒冕過門者，寧讀如故，歆廢書出看」，可見華歆讀書分了心（「未可與立」？），那是定力不足的問題。所以管寧要跟華歆割席分坐，給予警惕。

可見朋友間達到道同志合，並非易事。

想一想

我們交友應該一視同仁，抑或要有深交、淺交之分？試解釋你的觀點。

3.3.1 曾子曰：「君子以文會友；以友輔仁。」

《論語·顏淵》

3.3.2 萬章問曰：「敢問友。」孟子曰：「不挾長，不挾貴，不挾兄弟而友。友也者，友其德也，不可以有挾也。」

《孟子·萬章下》

3.3.3 孔子曰：「益者三友，損者三友。友直，友諒，友多聞，益矣。友便辟，友善柔，友便佞，損矣。」

《論語·季氏》

語譯　曾子說:「君子以學問結交朋友;以朋友輔助仁德。」

說明　朋友是學問與品德的交集,彼此志同道合,切磋琢磨,互相砥礪,就能提升學問和修養的境界。

語譯　萬章問道:「請問交朋友的原則。」孟子說:「不倚仗年紀大,不倚仗地位高,不倚仗兄弟的勢力去交朋友。交朋友,交的是品德,不能夠有甚麼倚仗。」

說明　交友之道,重在德行。朋友的德行值得我學習,彼此志趣相投,交為好友。反之,「道不同,不相為謀」,價值觀既不相同,根本不可能進行深層次的交流,又怎麼可能成為相知相重的朋友呢?

語譯　孔子說:「有益的朋友有三種,有害的朋友有三種。正直的朋友,誠信的朋友,見聞廣博的朋友,是有益的。朋友旁門左道,朋友諂媚無信,朋友花言巧語,這就有害了。」

說明　人生在世,不可以一日沒有朋友。但朋友有益友和損友的分別。所謂「近朱者赤,近墨者黑」,與益友交往,學問品德,俱有進境;誤交損友,則敗德辱行,墮落沉淪。

3.3.4 子曰：「巧言，令色，足恭，左丘明恥之，丘亦恥之。匿怨而友其人，左丘明恥之，丘亦恥之。」

《論語・公冶長》

3.3.5 子貢問友。子曰：「忠告而善道之，不可則止，毋自辱焉。」

《論語・顏淵》

3.3.6 博聞強識[志]而讓，敦善行而不怠，謂之君子。君子不盡人之歡，不竭人之忠，以全交也。

《禮記・曲禮上》

語譯　孔子說：「甜言蜜語、滿臉堆笑、恭順過頭，左丘明認為可恥，我也認為可恥；心懷怨恨，卻跟人交朋友，左丘明認為可恥，我也認為可恥。」

說明　交朋友要坦白直率，不可虛情假意，內外不一致；如果懷恨於心，卻口蜜腹劍，另有圖謀，那就更要不得。

語譯　子貢問怎麼交友。孔子說：「忠心勸告，善意引導，朋友不聽就停止，不要自取其辱。」

說明　「忠告」是基於朋友義務，好言相告。「不可則止」，因彼此平等論交，只能恰當引導，不宜強加於人，否則自討沒趣。而且，對方不接納，或有其難言之隱，甚或其錯不在對方，反而在己身等。忠告雖然是一片好心，但也要謹慎從事。

語譯　見聞廣博、記憶力強而又謙虛，為人厚道、品德良好又不懈怠，這樣的人可以稱為君子。君子不強求別人喜歡自己，也不強求別人忠於自己，以使交情得以保持下去。

說明　所謂「君子求諸己」，只要做好自己該做的，就是交友的最大法門。

3.3.7 孟子謂萬章曰:「一鄉之善士,斯友一鄉之善士;一國之善士,斯友一國之善士;天下之善士,斯友天下之善士。以友天下之善士為未足,又尚論古之人。頌其詩,讀其書,不知其人,可乎?是以論其世也。是尚友也。」

《孟子·萬章下》

3.3.8 子曰:「群居終日,言不及義,好行小慧,難矣哉!」

《論語·衛靈公》

語譯　孟子對萬章說：「一個鄉的善士，就跟一個鄉的善士交朋友；一個國家的善士，就跟一個國家的善士交朋友；天下的善士，就跟天下的善士交朋友。如果認為和天下的善士交朋友還不夠，便又上溯到古代的善士。吟誦古人的詩，讀古人的書，卻不了解他們的為人，可以嗎？所以要研究他們所處的時代和社會。這就是跟古人交朋友。」

說明　孟子說：「友也者，友其德也。」一個人要有善德善行，才能結交到同樣具有善德善行的人。當自己修德有成，名滿一鄉，就可以與一鄉之善士為友。繼續努力，進而推至一國，以及於天下，皆是如此。

語譯　孔子說：「一群人從早到晚廝混在一起，不談正經事情，卻喜歡耍小聰明，這樣的人真難辦！」

說明　跟這樣的朋友聚在一起，只會越來越糟糕。孔子這句話，點出了擇友的重要。

今天我們交朋友十分隨意，一點也不講究。朋友相處，總是追求一時的快心遂意，而且一味表現自我，以己為先，絕少理會對方感受。反正你不滿意就請便，少了一個朋友可以另找新的。可古人的想法，與我們並不一樣，他們十分重視朋友相處之道，講求互相欣賞、細水長流。正如《禮記‧曲禮上》指出：「君子不盡人之歡，不竭人之忠，以全交也。」(3.3.6) 君子不討別人無盡的歡心，也不要求朋友無保留地奉獻忠誠，只有這樣，才能保持恆久的交情。

古人交友的目的很純正。一次，萬章向孟子請教交友之道，孟子回答：「不挾長，不挾貴，不挾兄弟而友。友也者，友其德也，不可以有挾也。」(3.3.2) 孟子認為交友的第一要義是平等對待，絕對不能恃着年紀輩分、顯貴地位或兄弟的權勢來壓倒對方。朋友是以德相交，不可另有企圖。所謂「以財交者，財盡而交絕；以色交者，華落而愛渝」(《戰國策‧楚策一》)，倚財仗勢，臭味相投，最後只落得財散情逝，昔日朋友相稱，轉眼形同陌路。那些仗着酒色財氣才結伴成夥的所謂「老友」，就要格外小心了。據《晉書‧隱逸傳》記載，權貴王弘想結交「不肯為五斗米折腰」的陶潛，結果陶潛一開始就拒絕了。王弘這個人倒有點名士的雅度，找朋友約陶潛喝

酒。陶潛遇上美酒，果然興致勃勃，這時躲在一旁的王弘加了進來，結果談話投機，一拍即合，成為好友。這刻兩人結交是因為志趣相投，而不是陶潛攀附權貴。曾子説：「君子以文會友；以友輔仁。」(3.3.1) 朋友的關係是建立在知性和德性上面，是一種心靈上的接觸。大家一方面一起追求知識，另一方面互相增加了解，向着共同的人生目標進發。

交友有甚麼好處？孔子説：「益者三友，損者三友。友直，友諒，友多聞，益矣。友便辟，友善柔，友便佞，損矣。」(3.3.3) 首先，交友要真誠正直（「友直」）。朋友之間要直爽，説一不二，絕不虛偽、虛浮。就像孔子説：「匿怨而友其人，左丘明恥之，丘亦恥之。」(3.3.4) 有些人花言巧語，當面説一套，背後做一套，這種兩面三刀的人，又何來真誠正直？反過來看，當唐太宗遇到了魏徵這位諍友、諍臣，把該説的都説了，而最大的得益者正是李世民自己。其次是信實（「友諒」）。孔子説：「人而無信，不知其可也。」（《論語・為政》）所謂人無信不立，誠信是人際交往的基礎。一個人不講信用，出爾反爾，別人絕不會放心跟他交友共事。反之，朋友有信，正是朋友交情的有力後盾。俞伯牙與鍾子期約好中秋見面，伯牙抱琴來到後卻久等不至。他知道子期斷不會自食其言，爽約不來。追尋下，終找到了子期墓地，彈奏一曲後，即摔琴以謝知音。第三是交流知識（「友多聞」）。

朋友之間互有所長，經常互相切磋，吸取別人長處，彌補自己不足，彼此都會不斷進步。孟子跟萬章說：「以友天下之善士為未足。」(3.3.7) 結交一鄉之善士，以至一國之善士、天下之善士，逐步提升自己，甚至尚友古人，為的都是不斷自我增值。

朋友相處要互相尊重，恭敬有禮。弟子向夫子問「仁」，孔子回答「居處恭，執事敬，與人忠」（《論語・子路》），處事待人必須恭敬和忠誠，不可傲慢無禮。恭敬就是懷着謙卑的心，尊重彼此關係；忠誠就是全心盡力，去珍惜每一段友誼。不過，尊重對方不同於硬要對方接受自己的善意，硬要對方領情。所謂「朋友數，斯疏矣」（《論語・里仁》），對朋友囉里囉唆，就會被疏遠。朋友間還要尊重對方個性和私隱，保持一定距離，留下一點空間，讓彼此都呼吸到自由的空氣。就像我們畫國畫，在潑墨和線條之外，還要「留白」。其次，尊重也是一種體諒。有時，我們總是想到自己的難處，希望朋友能體諒自己；但我們又可有理解朋友的困難，考慮對方的處境，給予對方有力的支援？所以，我們必須懂得換位思考，從對方角度去體諒別人，這就是「己所不欲，勿施於人」的道理。我們固然可

以律己以嚴，但必須待人以寬，這就是孔子所說的「忠恕之道」。

再講忠誠。大家既然是好朋友，我們必須忠於對方，誠心誠意為對方着想、為對方好。所謂「己欲立而立人，己欲達而達人」，要視人猶己，不會把最好的東西都留給自己，而是成全朋友，成就對方。例如學習上有甚麼心得，也會毫無保留地跟朋友分享，不會擔心朋友在成績上超越自己。固然，在朋友切磋砥礪的過程中，難免有不同的意見。對於朋友的缺點和不足，我們必須及時提醒。一次，子貢請教孔子朋友之道，孔子說：「忠告而善道之，不可則止，毋自辱焉。」(3.3.5) 忠告善道，當中包含了多少循循善誘，苦心規勸。可惜，言者諄諄，聽者藐藐，朋友依然故我，執迷不悟，一意孤行，那就只好適可而止了。所謂「君子絕交，不出惡聲」，忠言既然逆耳，為求一時情緒發洩，而將朋友痛毀極詆，那樣既無用處，也是自取其辱。如果你仍然忠於這段友情，只好另尋機會，給予規勸，希望對方回心轉意，樂於接納。

想一想 古人交友，講求互相砥礪、自我完善，這種觀點是否已經過時？你認為今天朋友交往，最重視的是甚麼？

””

樂多賢友

3.4.1　子曰：「學而時習之，不亦說乎[悅]？有朋自遠方來，不亦樂乎？人不知而不慍，不亦君子乎？」

《論語·學而》

3.4.2　孔子曰：「益者三樂，損者三樂。樂節禮樂，樂道人之善，樂多賢友，益矣。樂驕樂，樂佚遊，樂宴樂，損矣。」

《論語·季氏》

3.4.3　子路問曰：「何如斯可謂之士矣？」子曰：「切切偲偲[司]，怡怡如也，可謂士矣。朋友切切偲偲，兄弟怡怡。」

《論語·子路》

語譯　孔子說：「一邊學，一邊實踐，不也喜悅嗎？從遠方來了朋友，不也快樂嗎？得不到理解，卻不怨恨，不也君子嗎？」

說明　人生有許多快樂的事，不一定要受人賞識、名成利就才會快樂。學習讓我們穿透時間的隔閡，探索古往今來的知識；交友讓我們打破地域的阻隔，修道積德，名播四方。

語譯　孔子說：「有益的愛好有三種，有害的愛好有三種。喜歡用禮樂調節自己，喜歡稱讚別人優點，喜歡廣結善友，有益處；喜歡放蕩，喜歡閒逛，喜歡大吃大喝，有害處。」

說明　正如《莊子‧山木》說的「君子之交淡若水，小人之交甘若醴；君子淡以親，小人甘以絕」。君子之間交情清澈如水，不含雜質；小人之間交往甜得像酒，卻是蠅趨蟻附。君子平淡，但心地親近；小人親密，但利盡親疏。

語譯　子路問：「怎樣才算真正的士呢？」孔子說：「互相鼓勵、互相批評，和睦相處，可算是士了。朋友間互相鼓勵、互相批評，兄弟間和睦相處。」

說明　「切切」指朋友間責善的懇切之情，「偲偲」指親切的勉勵。孔子認為懂得如何與朋友交往，是作為一個士的必要條件。

3.4.4　朋友死，無所歸。曰：「於我殯。」

《論語·鄉黨》

3.4.5　顏淵、季路侍。子曰：「[合]盍各言爾
志？」子路曰：「願車馬、衣輕裘，
與朋友共。敝之而無憾。」顏淵曰：
「願無伐善，無施勞。」子路曰：「願
聞子之志。」子曰：「老者安之，朋
友信之，少者懷之。」

《論語·公冶長》

3.4.6　子曰：「晏平仲善與人交，久而敬之。」

《論語·公冶長》

語譯　朋友死了，沒人辦喪事，孔子說：「我來辦。」

說明　「朋友」不是一個詞語，它包含着情感、道義和責任。

語譯　顏淵、季路侍奉時，孔子說：「為甚麼不說說各人的願望呢？」子路說：「願將車馬、裘衣，拿來與朋友共用，壞了也不遺憾。」顏淵說：「但願能做到不誇耀優點，不宣揚功勞。」子路說：「想聽聽老師的願望。」孔子說：「但願老人能享受安樂，朋友能夠信任我，少兒能得到關懷。」

說明　子路為朋友不吝資財，頗有孟嘗交友之風。顏淵與朋友相處，保持一貫的謙遜。至於孔子的回答，更具聖賢氣象：安老、懷少，這是多麼高遠的政治理想；朋友有信，人與人之間、朋友之間能互相信任，更是穩定整個社會的基礎。

語譯　孔子說：「晏子善於交朋友，交往越久，越受人尊敬。」

說明　交友有何「善」與「不善」？能以禮相待，理性交往，這是善；一味討好對方，獲得好處，這是不善。朋友之間，理性交往，才能細水長流。

人世間其中一種最大的快樂，就是朋友之樂。

《論語》首篇《學而》，開筆就説：「有朋自遠方來，不亦樂乎？」(3.4.1) 遠方的朋友，想念多時，竟不期而至，互訴衷曲，你説有多快活！金聖歎《三十三不亦快哉》説：「十年別友，抵暮忽至。開門一揖畢，不及問其船來陸來，並不及命其坐床坐榻，便自疾趨入內，卑辭叩內子：『君豈有斗酒如東坡婦乎？』內子欣然拔金簪相付，計之可作三日供也，不亦快哉！」好友難得重聚，又有這樣體貼的妻子，雖沒有像蘇東坡妻子那樣常備酒錢和斗酒，也拔下金簪買酒奉客，你説此情此境有多快活！

古代交通不便，朋友總是聚少離多，而友情更加深厚。例如李白在告別朋友時寫下了《贈汪倫》：「李白乘舟將欲行，忽聞岸上踏歌聲；桃花潭水深千尺，不及汪倫送我情。」桃花潭水深千尺，也比不上兩人思念之深。或者有人會埋怨：黯然銷魂者，唯別而已矣。朋友相思，十分難熬呀！試看看王勃《送杜少府之任蜀州》名句：「海內存知己，天涯若比鄰；無為在歧路，兒女共沾巾。」只要彼此心連着心，萬里關山，也阻隔不了友情，而且友情如醇酒，時間愈長，情味愈濃郁深厚。

孔子就最懂得體會友情。他曾經提到「益者三樂」，有益的快樂有三樣，「樂節禮樂」、「樂道人之善」和「樂多賢友」，那都是朋友共處時的快樂；「損者三樂」，跟無聊的人奢侈放蕩、游手好閒、大排宴席，那是損友所為，當然不好。(3.4.2) 至於「多賢友」，彼此志同道合，濟濟一堂，互相切磋，可謂其樂無窮。朋友之賢，在於彼此有禮有節，又懂得欣賞對方優點，體會人性之善、心靈之美。今天許多人不斷在朋友背後説長道短，搬弄是非，那只能用醜陋來形容。

對朋友的欣賞，除了源於愛護，還有了解和諒解。所謂「好而知其惡」，認識一個人，除了欣賞他的優點，也會了解他的缺點和不足。人無完人，人總有不少缺點，朋友之間必須互相包容，也能給予對方規勸勉勵。一次，子路問孔子怎樣才算一個士。孔子説：「朋友切切偲偲，兄弟怡怡。」(3.4.3) 朋友該互相批評、互相勉勵。在責善當中，實包含了多少殷切期待？講到朋友的體諒互勉，我們常常讚美管鮑之交。管仲由階下囚而晉身齊相，實多得鮑叔牙引薦。管仲曾感慨地説：「我年輕窮困的時候，與鮑叔一道做買賣，分錢時我總是多取，鮑叔不認為是我貪婪，因為他知道我貧窮。我多次做官，多次被國君驅逐，鮑叔不認為是我笨，他知道我還沒碰到機會。我曾多次作戰，多次打敗逃跑，鮑叔不認為是我膽小，他知道我要照顧年老母親。生我的人是父母，了解我的人是鮑

叔。」「生我者父母,知我者鮑叔也」,這話既是自責,也是因為找到知音人而喜悅。

反過來看,有一種朋友,其實正是自己的敵人、對手,卻又棋逢敵手,不打不相識。相信同學們都讀過《廉頗藺相如列傳》裏「將相和」的故事。藺相如憑着聰明才智和如簧之舌,終能完璧歸趙,受到趙王賞識,封為上大夫。後來澠池之會,又力壓秦王氣焰,讓趙王安全回國,再封為上卿,比將軍廉頗的地位還高。廉頗極不服氣,處處排擠藺相如。而藺相如則以大局為重,處處忍讓。當廉頗了解相如苦心後,非常慚愧,結果負荊請罪。自此兩人成為「刎頸之交」,同心同德,為國效力。所謂「無敵是最寂寞」,能化敵為友,共同切磋較量,正是其樂無窮。

除此之外,我們樂於為朋友付出一切,所以朋友有通財之義,也有生死之交。俗語說的「有福同享,有難同當」,堪為寫照。一次,孔子讓弟子說出各自的願望。子路說:「願將車馬、皮衣,拿來與朋友共享,即使壞了也無所謂。」(3.4.5) 對朋友的慷慨,古人視為理所

當然。孔子朋友死了，無人收殮，他說：「我來辦吧。」（3.4.4）人都死了，在勢利的人眼中，可以視而不見，但彼此既以道義相交，又怎麼能拋下朋友不顧呢？固然，古代禮法規定，父母在堂，子女必須自身謹慎，不得獨自處理私財，也不得「許友以死」，任意為朋友還債、冒險、賣命。但朋友是畢生之約，斷不會說變就變。《史記·汲鄭列傳贊》記載了翟公的故事。原來翟公官居廷尉時，賓客盈門；後來被黜，就門可羅雀。其後再被起用，賓客又想到來，於是他在門前掛出牌匾：「一死一生，乃知交情；一貧一富，乃知交態；一貴一賤，交情乃見。」眾人看見，只好知難而退。友情必須細水長流，經得起時間的考驗。孔子就十分欣賞晏嬰的交友之道，說他「善與人交，久而敬之」（3.4.6），說的就是穿透了歲月和生死的友情。

白首同歸，情誼永固；得友如此，樂何如之！

想一想

「朋友越多，就越快樂。」你認為這個說法是否成立？抑或還有其他更重要的因素？

3.5.1 故人生不能無群，群而無分則爭，爭
則亂，亂則離，離則弱，弱則不能勝
物；故宮室不可得而居也，不可少頃
舍禮義之謂也。

《荀子·王制》

3.5.2 司馬牛憂曰：「人皆有兄弟，我獨亡。」
子夏曰：「商聞之矣，死生有命，富
貴在天。君子敬而無失，與人恭而有
禮，四海之內皆兄弟也。君子何患乎
無兄弟也。」

《論語·顏淵》

3.5.3 孟子曰：「愛人不親，反其仁；治人
不治，反其智；禮人不答，反其敬
──行有不得者，皆反求諸己，其身
正而天下歸之。」

《孟子·離婁上》

語譯　人活在世上不能離開社會群體。群體沒有等級名分的分際就會發生爭奪，一發生爭奪就會產生動亂，動亂就會離心離德，離心離德就會衰弱，衰弱就不能取勝外侮，也就不能安居樂業了──所以人不能片刻捨棄禮義。

說明　荀子不信任人性，認為人類群體倘沒有禮義的制約，人與人之間就會你爭我奪，而社會組織面臨崩塌。

語譯　司馬牛憂傷地說：「別人都有兄弟，就我沒有了。」子夏說：「我聽說過：『死生有命運安排，富貴由天安排。』君子敬慎而無過失，待人謙恭有禮，那麼世上的人都可情同兄弟。君子何必擔心沒有兄弟呢？」

說明　君子之所以能夠跟世上所有人交往，成為朋友，是因為他小心翼翼地跟人家相處，彬彬有禮地對待別人。這是將兄友弟恭的愛，化為人與人之間的關懷和尊重。

語譯　孟子說：「愛護人家，人家卻不親近我，就該反省自己的仁德夠不夠；管理人家，人家卻不受管治，就該反省自己的想法有無缺失；以禮待人，人家卻不回敬我，就該反省自己的恭敬是否不足。行為沒有得到預期效果，就該回過頭來在自己身上尋找原因；自身端正了，人家自然服從你。」

說明　愛人本來出於好意，若對方不接受，必然是你愛人的方式不對，或者你的出發點出現了問題，要好好反思。

3.5.4　子曰：「君子之於天下也，無適也，無莫也，義之與比。」

《論語．里仁》

3.5.5　子曰：「君子和而不同，小人同而不和。」

《論語．子路》

3.5.6　子曰：「君子周而不比，小人比而不周。」

《論語．為政》

語譯　孔子說：「君子立身處世，沒規定該怎樣幹，也沒規定不該怎樣幹，只要怎樣合理適宜，就怎樣幹。」

說明　「適」是應當，「莫」是不應當，「比」是跟從。人面對抉擇，總在做與不做之間，猶豫不決。孔子認為按道理行事就好，不會考慮利益、人情等其他因素。

語譯　孔子說：「君子和睦相處，而不假意認同；小人虛偽認同，而不能和睦相處。」

說明　「同」是認同對方，「和」是和睦相處。君子有道德上的堅持，無法曲意逢迎別人；小人只講利益，沒有主見。君子尊重不同想法，不強求一致，但彼此相容，保持和諧；小人沒有原則，但為了私利，動不動視對方如仇敵。

語譯　孔子說：「君子團結，不互相勾結；小人勾結，卻不互相團結。」

說明　「周」是普遍、合群，「比」是勾結。從古文字形來看，「比」是兩個並靠而行的人，有並列、並排的含義，引申為互相勾結，搞小圈子。「周」字本義，是一小塊密密麻麻、長滿作物的方田，有稠密、遍佈的含義。「周」象徵君子的合群，與所有人團結在一起。

群而不爭

3.5.7　子曰：「君子矜而不爭，群而不黨。」

《論語 · 衞靈公》

3.5.8　力不若牛，走不若馬，而牛馬為用，何也？曰：人能群，彼不能群也。人何以能群？曰：分。分何以能行？曰：義。故義以分則和，和則一，一則多力，多力則彊，彊則勝物；故宮室可得而居也。

《荀子 · 王制》

語譯　孔子說：「君子矜持莊重而不與人爭執，合群而不拉幫結派。」

說明　君子所以矜持莊重，因為有道義上的執着和堅持，但他選擇跟別人和諧共處而不相爭。彼此和和氣氣，卻絕不結黨營私，黨同伐異。

語譯　人的力氣不如牛，奔跑沒有馬快，但牛馬都為人所用，為甚麼呢？因為人能形成社會群體，牛馬沒有社會群體。人憑甚麼能合群合作呢？答案是名分等級。等級秩序何以能實行？因為人類社會講道義。故此，人們根據道義確立秩序名分，並和睦共處，和睦共處就能團結一致，團結一致力量就大，力量大就強盛，力量強盛就戰勝一切。故此，人類才能安居在房屋之中。

說明　荀子從合群的原因和好處，說明禮義文理的重要性，那是建立人類社會的基礎。

中國歷來強調五倫，即：「父子有親、君臣有義、夫婦有別、長幼有序、朋友有信。」（《孟子・滕文公上》）後來有人提出了第六倫，也就是群己關係，即個人和群體之間的相互關係。不過，這個群體指的並非家庭、族群和朋輩等，否則仍然包含在親屬、忠義、倫序⋯⋯那一套傳統倫理當中。「群己」所指，是個人與非特定對象，例如陌生人或一般社會大眾之間的關係。隨着社會進步，都市繁榮，資訊科技發達，人與人之間的接觸更加頻密。人際交往，不再受到空間和時間的限制，而彼此關係，愈趨複雜。故此，今天對於第六倫的講論，尤其受到重視。

其實，古人沒有忽略所謂群己關係。主性惡的荀子説：「故人生不能無群，群而無分則爭。」（3.5.1）世上沒有人可以離群索居，而荀子眼中「自私自利」的人，又怎會群而不爭（自動自覺合群而不相爭）呢？解決的辦法就是加強禮法的約束力和教育的影響力，讓大家懂得各守本分。依禮守法固然重要，但如何讓人主動遵守、樂意踐行，做到充分自律，那才是關鍵所在。記得《禮記・大同與小康》提出了「天下為公」的觀念：「故人不獨親其親，不獨子其子，使老有所終，壯有所用，幼有所長，矜寡孤獨廢疾者，皆有所養。」（2.5.1）每一個人都各出其力，做到愛

人如己，這是群己關係的終極理想。而墨家索性提出「兼愛」，認為人與人的關係建立在互惠和互利之上。

不過，理想終歸理想，我們都是凡夫俗子，總脫不了人各自私的特性，故最有效的約束力還是來自法制、法令和法律。先秦法家已經提出守法觀念，其後中國在法制上也漸趨完備，可惜法治觀念始終沒有建立起來。中國古代是人治社會，所謂「刑不上大夫，禮不下庶民」，與法律強調的公平自然相去甚遠。此外，國有國法，家有家規，各處鄉村各處例，加上山高皇帝遠，法律一直難以普遍執行。總之，禮治和法治沒有完全建立起來，原因與社會發展的形態有關，不能怪罪古人沒有先見之明。

講群己關係，《論語‧顏淵》有一段著名的對話。孔子學生司馬牛擔心兄長參與謀逆，會死於非命，甚至連累家人，於是向子夏訴苦。子夏回答：「四海之內皆兄弟也。君子何患乎無兄弟也。」(3.5.2) 換言之，我們當以對待兄弟的態度，去對待所有人。群己關係是家庭崗位的擴大。只要大家愛好家人，懂得愛敬與尊重（「敬而無失」「恭而有禮」），那麼沒有血緣關係的人也可親如手足，沒有誰是陌生人。而這種「親親而仁民」的修養方式，一直受到儒家推崇。即使今天，我們遇見陌生人不是稱兄道弟，就叔伯相呼，正是古人的遺風。

至於如何處理群己關係？孔子主要圍繞愛敬和尊重。他說：「仁者愛人」，頗有泛愛所有人的情懷。愛人當然十分好，但你必須懂得怎樣去愛。有時，你滿有熱誠，一廂情願去愛人助人，以為對方必定感激流涕，豈料對方不特不領情，反生埋怨。所以孔子提出了「推己及人」的愛人原則，亦即「己欲立而立人，己欲達而達人」「己所不欲，勿施於人」。如何判斷自己的行為是否合宜呢？孔子認為，只要想像自己是當事人，設身處地去體會別人的切身感受，那就會懂得怎樣去愛人，做到愛中有敬。

再講尊重。尊重是雙向的，當我努力爭取個人的成就，也要維護別人的權益；我不斷堅持自己的信念，也應該尊重別人的想法。人與人之間應彼此平等對待，不以我為尊，那就能夠平息許多無謂的紛爭。這就是孔子所提倡的「中庸之道」。在古代，「義」解做「宜」，就是做合宜或該做的事，也是作為一個社會成員應盡的義務。所以，孔子說：「君子喻於義，小人喻於利。」（《論語・里仁》）君子懂得的是道義，小人只計較利益。小人為了私利而損害公眾利益，那當然不合理。孔子又說：「君子周而不比，小人比而不周。」(3.5.6) 君子與別人保持團結，但不會為了利益而互相勾結。孔子又說：「君子矜而

不爭，群而不黨。」（3.5.7）君子有自己的堅持，但不會一味想着壓倒別人；君子希望團結，卻不會拉幫結派。又說：「君子和而不同，小人同而不和。」（3.5.5）君子雖然和和氣氣，但不會失去個人原則，苟且認同別人；小人沒有原則，虛偽地認同別人，但為了利益卻不跟你客氣。

總之，孔子講求中庸之道，在不損害道義的原則下，做到團結（周）、合群（群）與和諧（和），人際相處一片祥和。但「和諧」的前提是承認這個世界的多樣化和多元性，即彼此共存，容許差異，接納分歧，不相排斥，又各自各精彩。孔子就是這樣一個有學養又與世不爭的人，他總能欣賞別人優點，接納不同意見，容忍善意批評，不強求別人跟自己一致。可惜世人中不乏凡夫俗子，他們沒有主見，總是人云亦云，隨波逐流，為了利益，不惜爭短論長，與別人發生衝突。其實人與人之間，用爭奪的方式，是無法解決問題的。

想一想 今天社會人人講求競勝爭先，所謂優勝劣敗、適者生存，孔子強調的「矜而不爭」，是否已經過時了？試加分析。

　　相傳《春秋》這部經書出自孔子之手，從前有「文王拘而演《周易》，仲尼厄而作《春秋》」的說法。孔子之所以據魯史而作《春秋》，他的目的並非僅僅在於記載歷史，當中其實包含了所謂「微言大義」。「微言」，就是一字之褒貶；「大義」，就是在歷史記載的字裏行間，總結了一些歷史教訓，尤其對於亂臣賊子的惡行，加以針砭和批評。孔子運用極簡約的語言，一字半句就提出了他的個人觀點，我們稱這種寫法為「春秋筆法」。

　　可惜《春秋》文字太過簡約，後人不容易理解，於是有《春秋三傳》相繼出現，或對《春秋》書中記載的歷史事件加以補充說明，或對孔子的「春秋筆法」進行詮釋。《春秋三傳》包括了左丘明的《春秋左氏傳》、公羊高的《春秋公羊傳》和穀梁赤的《春秋穀梁傳》。三部著作的作用都是解釋經義，故稱之為「傳」。

　　《春秋》記載歷史非常簡約，全書開筆首記魯隱公元年的史事，就只有 60 個字。當中有「夏五月，鄭伯克段于鄢」一句。這句話所記載的歷史事件，詳情是怎樣的？當中「克」字可圈可點，明明鄭伯和共叔段是兩兄弟，為甚麼會用上兩國交戰的「克」字呢？我們都不能理解。再看《左傳》，記載這段歷史就頗為詳細，共用了 500 多字，並且對孔子的「春秋筆法」作出解釋。以下引錄了當中的大部分文字：

原文 初，鄭武公娶于申，曰武姜。生莊公及共叔段。莊公寤生，驚姜氏，故名曰寤生，遂惡之。愛共叔段，欲立之。亟請於武公，公弗許。及莊公即位，為之請制。公曰：「制，巖邑也，虢叔死焉，佗（他）邑唯命。」請京，使居之，謂之「京城大叔」。祭仲曰：「都城過百雉（城牆長三丈高一丈為一雉），國之害也，先王之制：大都不過參國之一（國都的三分之一）；中，五之一；小，九之一。今京不度（不合法度），非制也，君將不堪。」公曰：「姜氏欲之，焉辟（避）害？」對曰：「姜氏何厭之有！不如早為之所，無使滋蔓。蔓，難圖也。蔓草猶不可除，況君之寵弟乎！」公曰：「多行不義，必自斃，子姑待之。」既而大叔命西鄙、北鄙貳於己。公子呂曰：「國不堪貳，君將若之何？欲與大叔，臣請事之；若弗與，則請除之，無生民心。」公曰：「無庸，將自及。」大叔又收貳以為己邑，至于廩延。子封曰：「可矣，厚將得眾。」公曰：「不義不暱（親近），厚將崩。」大叔完聚，繕甲兵，具卒乘，將襲鄭。夫人將啟之。公聞其期，曰：「可矣。」命子封帥車二百乘以伐京。京叛大叔段，段入于鄢，公伐諸鄢。五月辛丑，大叔出奔共。書（《春秋》經文）曰：「鄭伯克段于鄢。」段不弟，故不言弟。如二君，故曰克。稱鄭伯，譏失教也。謂之鄭志（存心），不言出奔，難之也。

語譯 起初，鄭武公娶了申國公主為妻，叫武姜。她生下莊公和共叔段。莊公出生時腳先出來，武姜因難產受到驚嚇，所以給孩子取名「寤生」（即逆生），從此很厭惡他。

武姜偏愛幼子共叔段，想立共叔段為世子。她多番向鄭武公請求，武公都沒有答應。到莊公即位，武姜為共叔段求取制邑作為封邑。莊公說：「制邑是個凶險的城邑，從前虢叔就死在那裏。其他城邑我都可以照你的吩咐辦。」於是武姜就請求京邑，莊公答應了。時人稱共叔段為「京城大叔」，以表尊崇。大夫祭仲對莊公說：「分封的城邑，城牆超過三百方丈，那就會成為國家的禍害了。先王定下制度：大的城邑，不能超過國都的三分之一；中等城邑，不得超過它的五分之一；小都邑，不能超過它的九分之一。京邑的城牆不合法度，違反祖宗規定，恐怕你難以控制。」莊公說：「這是姜氏的意思，我是躲也躲不過了。」祭仲回答說：「姜氏哪會滿足？不如趁早想辦法處置，別讓禍根滋長蔓延。一旦蔓延開來就難辦了。蔓延的野草尚且難除，何況是你受寵愛的弟弟呢？」莊公說：「多行不義，遲早滅亡，你姑且等着瞧吧。」過了不久，大叔段果然逼西面和北面的邊邑，改為聽命於他。公子呂說：「一國難容二君，現在你打算怎麼辦？你如果打算把鄭國交給大叔，那麼我就去事奉他吧；如果不給，那麼就請除掉他，不可以讓百姓無所適從。」莊公說：「先不用着急，他會自作自受。」大叔又把那些邊邑收為己有，勢力擴展到廩延。公子呂說：「可以採取行動了吧？進一步擴張會得到更多人擁護。」莊公說：「對君主不義，對兄長不親，土地即使擴大了，也只會垮台。」大叔修城聚糧，經營裝備，準備好兵馬戰車，將要偷襲鄭國。武姜打算開城門作內應。

莊公打聽到大叔段偷襲的時候，說：「可以出擊了！」命令公子呂率領戰車二百乘，去討伐京邑。京邑的人民背叛大叔段，大叔段於是逃到鄢城。莊公就追到鄢城討伐他。五月二十三日，大叔段逃到共地。《春秋》記載：「鄭伯克段于鄢。」意思是說共叔段不遵守做弟弟的本分，因此不稱他為莊公的弟弟；兄弟倆如同兩個國君一樣爭鬥，所以用「克」字；稱莊公為「鄭伯」，是譏諷他對弟弟失於教誨；趕走共叔段是出於鄭莊公的本意，故不寫共叔段自動出奔，是史官下筆有為難之處。

「鄭伯克段于鄢」這段故事，共有三個主要人物：

❶ 鄭莊公：春秋時代鄭國的第三任君主，名「寤生」，「寤」有「逆」的意思，即出生時母親難產。

❷ 共叔段：鄭莊公同母弟，封於京邑，稱京城大叔。

❸ 武姜：即姜氏，鄭武公的夫人，鄭莊公和共叔段的母親。因協助共叔段謀反，被鄭莊公流放，後來得潁考叔説項，武姜終與莊公母子重聚，言歸於好。

同學閱讀時可留意以下三方面：

❶ 鄭伯和共叔段兩兄弟關係越鬧越僵的過程；

❷ 武姜偏愛共叔段的原因，及因此對兄弟兩人所產生的影響；

❸ 孔子如何運用「春秋之筆」，對鄭莊公和共叔段的「兄不兄、弟不弟」，加以口誅筆伐。

交朋結友是很普通的事情。朋友之道，貴乎志同道合、互相了解，並能以道義相勉勵。可惜時下許多年輕人都不太了解朋友的含義，以為臭味相投、利益一致，即可結成「死黨」。其實「黨」這個字，當用來表示朋友的關係時，往往帶有貶義，例如：狐群狗黨、植黨營私、黨同伐異、黨邪陷正等。古人素來強調君子群而不黨，而北宋歐陽修有一篇《朋黨論》，卻別開生面地指出「小人無朋，惟君子有之」，對「朋黨」一詞重新作出解釋。

原文 臣聞朋黨之說，自古有之，惟幸人君辨其君子小人而已。大凡君子與君子，以同道為朋；小人與小人，以同利為朋；此自然之理也。然臣謂小人無朋，惟君子有之。其故何哉？小人所好者利祿也，所貪者財貨也；當其同利之時，暫相黨引以為朋者，偽也。及其見利而爭先，或利盡而交疏，則反相賊害，雖其兄弟親戚，不能相保。故臣謂小人無朋，其暫為朋者，偽也。君子則不然。所守者道義，所行者忠信，所惜者名節；以之修身，則同道而相益，以之事國，則同心而共濟，終始如一。此君子之朋也。故為人君者，但當退小人之偽朋，用君子之真朋，則天下治矣。

語譯 臣聽說關於朋黨的爭論，自古以來就已出現，尚幸君主能分清誰是君子、誰是小人罷了。大抵君子與君子，因道義一致而結交；小人與小人，因利益相同而結交。這是自然而然的道理。但是臣以為：小人並無朋友，只有君子

才有朋友。這是甚麼原因呢？小人所貪愛的是利益財富。當他們利益相同的時候，暫時互相勾結成為朋黨，但那種朋友關係是虛假的。等到他們見到利益而爭先恐後，或者利益已盡而交情淡薄之時，就會反過來互相殘害，即使是兄弟親戚，也不會互相幫助。所以說小人並無朋友，他們暫時結交為友，那種朋友關係是虛假的。君子就不是這樣：他們堅守的是道義，履行的是忠信，珍惜的是名節。大家拿這些來加強自身修養，自然因志同道合而互相補益；拿這些來為國家效力，自然因同心協力而和衷共濟。同心同德，貫徹始終。這就是君子的朋黨啊。所以作為君主的，必須斥退小人的假朋黨，進用君子的真朋黨，那麼天下就可以安定下來了。

孔子對鄭莊公和共叔段兩兄弟各有甚麼批評？他們兄弟決裂，誰要負上責任？如果你是鄭莊公，要做一個好哥哥，應該如何對待弟弟？

歐陽修說：「小人無朋，惟君子有之。」他這句話有何根據？又你認為今天的人對「朋友」的理解有何不同？

孔子對鄭莊公和共叔段兩兄弟各有甚麼批評？他們兄弟決裂，誰要負上責任？如果你是鄭莊公，要做一個好哥哥，應該如何對待弟弟？

孔子對兩兄弟的批評

孔子修《春秋》，運用「春秋筆法」，做到了「賢賢賤不肖」。尤其對於亂臣賊子，給予嚴厲的批評。這些尖銳的評論，就決定於「一字之褒貶」。試看以下對鄭莊公和共叔段的評論：

❶ 鄭莊公

● 稱鄭伯，譏失教也

　　一種說法是：貶低鄭莊公身分，稱呼他為「鄭伯」，原因是批評他沒有盡到做哥哥要教育弟弟的責任，致使弟弟共叔段一錯再錯，最終發動了叛亂。

● 如二君，故曰克

　　一國之內兄弟相殘，就像兩個國君相爭，所以用了「克」字。

❷ 共叔段

● 段不弟，故不言弟

　　共叔段不守作為弟弟的本分，所以不稱他為「弟」。

● 謂之鄭志（存心），不言出奔，難之也

　　不說共叔段「出奔」，因為那是莊公處心積慮，逼弟

弟出走，同樣有失兄長教誨之責任，所以難以下筆。

誰要負上責任

❶ 鄭莊公

● 虛偽深沉

莊公即位後，武姜為共叔段請求制邑作為封邑。莊公假意說：「制邑是個凶險的城邑，從前虢叔就死在那裏。其他城邑我都可以照你的吩咐辦。」表面為弟弟設想，實在是虛情假意，故意示好，佈下圈套。

● 不依祖制

武姜請求京邑作封地，莊公答應了。大夫祭仲指出京邑城牆超過三百方丈，既不合法度，也違反祖制。莊公說：「這是姜氏的意思，我是躲也躲不過了。」這是製造輿論，讓人覺得母親姜氏偏心。日後一旦兄弟相爭，影響了母子關係，別人也無法批評他不孝。

● 姑息養奸

祭仲批評姜氏貪得無厭，寵愛共叔段。莊公回答：「多行不義，必自斃，子姑待之。」後來公子呂請求及早預防，莊公又答：「無庸，將自及。」可見他是刻意縱容弟弟，讓他不斷犯錯，最後惡貫滿盈，再一舉殲滅。

- 設計陷阱

  共叔段把勢力擴展到廩延。公子呂主張採取行動。莊公仍然好整以暇，説：「不義不暱，厚將崩。」這是設計陷阱，迫使弟弟謀反。對國家人民不義，對兄長不親愛，都成為了共叔段的罪名，沒有人會同情他，為他平反。

- 反面無情

  到了共叔段真的謀反，武姜答應作為內應，莊公就打正旗號出擊。原來他已一早備好戰車二百乘出兵討伐。連京邑的人民也背叛共叔段，共叔段終至眾叛親離，無法立足，只好出逃國外。一旦反面，莊公有多痛恨，就有多決絕。

❷ 共叔段

- 嬌縱慣養

  姜氏偏愛共叔段，一心要立共叔段為世子，並多番向鄭武公請求。到莊公即位，又先後請求制邑和京邑作為愛子封邑。姜氏這些做法，固然出於偏袒，但共叔段的恃寵而驕，也要負上很大責任。

- 野心勃勃

  共叔段獲得京邑後，果然沒有滿足，迫使西面和北面的邊邑，改為聽命於他，藉此擴張勢力。公子呂也説：「一國難容二君。」可見他的野心，已昭昭在目。

● 不敬兄長

鄭莊公對弟弟的擴張勢力表示容忍，共叔段沒有好好檢討，反而逐步把邊邑收為己有，將勢力擴展到廩延。這些做法是完全不把兄長放在眼內。

● 存心謀反

共叔段不念兄弟之情，竟然修城聚糧，經營裝備，準備好兵馬戰車，將要偷襲鄭國。這些做法，完全是處心積慮的謀反。

❸ 武姜

● 偏愛縱容

莊公出生時難產，武姜受嚇過度，所以很厭惡他。武姜從此偏愛幼子共叔段，想立共叔段為世子，曾多番向丈夫鄭武公請求，武公都沒有答應。姜氏作為母親，偏愛縱容幼子，讓莊公一直活在焦慮當中，而共叔段也無視兄長的存在，終導致兩兄弟之間出現矛盾，並因此決裂。

● 偏幫幼子

莊公即位，武姜為共叔段求取制邑作為封邑。莊公反對後，武姜又請求京邑作封地，莊公只好答應，讓共叔段居住在那裏，稱他為京城大叔。臣子祭仲也批評說：「姜氏何厭之有！」認為姜氏這個母親，一心向着共叔段，是永遠不會滿足的。

● 協助謀反

共叔段膽子越來越大，修城聚糧，經營裝備，準備好兵馬戰車，將要偷襲鄭國。這時武姜不單沒有勸阻，反而打算打開城門作為內應。這樣的做法，無論在國法上，或者親情上，都是難以饒恕的。

對弟弟的應有教導

● 公正無私

鄭莊公對弟弟應公正無私。即使是骨肉之親，如果提出的要求有違國法，也不能答應所求。另一方面，弟弟品德上出現了偏差，也必須即時提醒，以免一錯再錯。無論出於偏袒而刻意包庇，或出於狡詐而惡意縱容，均不符兄友弟恭之道，只會導致惡劣後果，並有失兄長身分。

● 協助發展

哥哥較弟弟年長，更早踏足社會，擁有自己事業；弟弟年紀較小，入世未深，還未懂事。然每一個人各有所長，哥哥應了解弟弟長處，協助他加強能力發展，讓弟弟也能獨當一面，一展抱負。鄭莊公沒有好好照顧弟弟，成就他的品格，於是導致兄弟之間成為競爭者，卒兄弟相殘，令人側目，為世人嘲笑，可謂自取其辱。

第三章

兄弟・朋友

歐陽修說：「小人無朋，惟君子有之。」他這句話有何根據？又你認為今天的人對「朋友」的理解有何不同？

歐陽修這句話的根據

　　中國歷來有「君子不黨」的說法。《論語·衞靈公》說：「君子矜而不爭，群而不黨。」也就是說，君子莊重，與世無爭，團結群眾，絕不結黨。這句話在古代社會特別受到重視，還被後人轉述為「君子群而不黨，小人黨而不群」。「君子群而不黨」，指君子團結合群，卻不結黨營私；「小人黨而不群」，指小人結黨營私，卻不團結合群。因此，當「黨」這個字詞用來表示朋黨和利益集團時，那是貶義，相等於「小人」「奸邪」的同義詞。

　　北宋慶曆年間，范仲淹向宋仁宗提出「十事疏」，進行改革，稱為「慶曆新政」，而年輕的歐陽修也是新政的積極參與者。當時保守派因利益受損，不斷攻擊新政，並散佈流言，稱范仲淹、富弼、歐陽修等人私立朋黨。此事前後擾攘多年，歐陽修於是在慶曆四年（1044）向宋仁宗上《朋黨論》這篇奏章，提出「小人無朋，惟君子有之」的觀點，稱君子才有朋黨，小人倒沒有。換言之，正直的朋黨才是君子，假意的勾結正是小人。很明顯，這篇奏章的目的是駁斥保守派的攻擊，並對「朋黨」的指責加以開脫。本書引錄的原文，屬文章的前半部分，作者從理論上分析君子「以同道為朋」故為「真朋」，小人「以同利為朋」

故為「偽朋」的道理；於是得出「為人君者，但當退小人之偽朋，用君子之真朋，則天下治矣」的結論。故歐陽修這篇文章，實為「朋黨」一詞正名翻案。

至於文章的後半部分，則借古證今，藉正反兩方面的史例加以論證，說理精闢，構思細密，層層辯證，有理有據，實不可多得。同學有空時，不妨細看。

歐陽修說：「小人無朋，惟君子有之」，他有以下的根據：

❶ 小人之間並無真正朋友

小人與小人，何以走在一起？那純粹是利益相同的關係。小人所貪愛的是利益和財富。當他們利益相同的時候，暫時互相勾結成為朋黨，但那種朋友關係是虛假的。為甚麼說是虛假呢？因為一致的利益並非永遠存在的。

● 即使他們見到利益就在面前，也會爭先恐後，絕無交情可言；

● 當利益已不再存在，交情就會轉淡，甚至反過來互相殘害，在對方身上獲取利益；

● 即使是兄弟親戚，也不會互相幫助，因為他們講的是利益，而不是交情。

所以說，小人之間是「偽朋」，他們並非真正朋友，他們暫時結交為友，純粹為了利益，那種朋友關係是虛假的。

❷ 君子之間才是真正朋友

君子與君子之間，是以道義相交。

君子之間的關係並非建立在利益之上，而是道義。故此，他們堅守的是道義，履行的是忠信，珍惜的是名節。

● 道義跟利益不同，大家利益可以不相一致，但道義是大家拿來加強自身修養，彼此並無衝突；

● 君子講的是道義，履行的是忠信，正因為志同道合而可以互相補益；

● 君子共同為國家效力，重道義，惜名節，不為私利，自然可同心協力而和衷共濟。

所以說，利益難以永遠一致，但道義卻是永恆的原則。小人因利益相交，利益經常會變，交情也難以永保。君子不講財利，只講道義，自然能夠同心同德，貫徹始終。故此，君子之間的無私交往，才稱得上真正的朋友。

最後，歐陽修還補上一句：「所以作為君主的，必須斥退小人的假朋黨，進用君子的真朋黨，那麼天下就可以安定下來了。」換言之，我們的責任是做好君子的角色，至於能否區別君子小人，激濁揚清，彰善癉惡，那是作為君主的責任。所以，進賢退佞，以安邦定國，君主實責無旁貸。由於宋朝重文，尊重文人，臣子才敢這樣跟君主說話。

今人對「朋友」的理解

何謂朋友？朋友或因同學、共事、交往、因緣而認識，彼此做到分憂、同樂、共情、合義、篤信、相助、互勉、友愛和尊重等。古人有「同門為朋，同志為友」的説法，即朋友之間彼此有着共同的志向、抱負和價值觀。這當然是十分理想的説法。古代朋友相交，也有囿於階級地位，誘於功名富貴，或挾於意氣偏見等。但相對來説，古人交友，較傾向以道義相交，而且對朋友要求十分嚴格，不輕易為友，一旦為友，就始終不渝。

至於今人，不能説他們對朋友的重視少了，但交友的確沒有古人嚴格。今天社會進步，事務紛繁，生活節奏加快，人與人接觸頻繁，彼此有着錯綜複雜的利益關係。因此「朋友」一詞，用法較為寬泛，理解也人人不同，甚至初次相遇，多談幾句，已互稱好友。有教師於作文考試出題：「談交友」，發現同學在文中舉述的卻非朋友關係，或者就差了那一點點確切的認識。由此可見，今天年輕人對「朋友」此一概念頗為模糊。今人對「朋友」有哪些不同的理解？試舉例言之：

- 點頭之交，甚或一面之交（例如相交不深的鄰居、補習社同學、幫過你的陌生人等）。

- 有着共同嗜好的同伴（例如追星一族、巴士迷、攝友、球友等）。

- 通信朋友、筆友、聊天群組「好友」（例如朋友圈好

友之間，大家只有數面之緣，甚至可能都沒見過，只是偶爾互相點個讚罷了）。

● 臭味相投的酒肉朋友，以至損友（例如在社交活動中認識的歌友、飯友、舞伴、牌友等）。

● 朋友的朋友，甚或敵人的敵人（這些所謂朋友，往往出於一廂情願的想法）。

● 利益層面上的人脈關係（例如客戶經理、經紀、同事、同行、客戶等）。

總而言之，所謂點頭之交，彼此認識不深，談不上是朋友。至於有着共同嗜好的迷友之間，雖然臭味相投，容易溝通，但交往時要小心；因為互相所知不多，容易誤交損友，甚或被騙。聊天群組「好友」，可能素未謀面，尤其現今社交平台成風，流行自拍，孩子容易在網上暴露個人資料；有心人往往藉虛擬身分與你交往，慢慢成為未見而相識的「朋友」，故孩子要特別小心，避免受騙。酒肉朋友、損友，多交無益。「死黨」之友，始終不是你的「死黨」，打個招呼而已，談不上朋友。又利益層面上的人脈關係，聯結着「識人重於識字」的流行說法，把朋友關係建築在業務和利益之上，往往爾虞我詐，巴結逢迎，最後落得利盡交疏，或上當受騙。

婚姻・愛情

君子好逑
止乎禮義
相敬如賓
生死契闊
二姓之好

談到古人的婚姻和愛情，大家都有索然無味的印象。今人總覺得古代男女都是盲婚啞嫁，絕對沒有自由戀愛可言，加上那男尊女卑、封建禮教的社會氛圍，婦女的命運變得十分淒慘。

其實，古人一開始已經追求永恆的愛情。大羿和嫦娥這一對，應該是我國最早的愛情故事吧。據說唐堯時期，天上有十個太陽，莊稼被烤焦了，百姓無法生活。羿身居射師，不辭勞苦，把天上的太陽射下九個，從此大地上氣候宜人，百姓安居樂業。這時，羿覺得先前一直撇下了妻子，充滿着歉意，便到西王母那裏求得不死之藥，好讓夫妻二人永遠過着幸福生活。可嫦娥沒有了解丈夫心意，剛好羿又外出，就把長生不死藥一咕嚕吞下了，頓時身子輕飄飄地離地而起，向天上的月宮飛去。自此嫦娥長年枯守廣寒宮中，過着孤獨寂寞的生活。李商隱《嫦娥》詩說：「嫦娥應悔偷靈藥，碧海青天夜夜心。」人生壽命短促，無不熱衷永恆；長生不老，那是多少人的盼望！可嫦娥長居月上，經歷了天荒地老，卻夜夜承受着愛念的煎熬，那麼生命永恆又有甚麼意義？故此，愛的價值，還遠在永恆之上！大羿和嫦娥的故事，正好為古人愛情觀，添上了哀怨和浪漫的氣息。

　　儘管還有不少古人，對女性帶有歧視的目光，例如提出「紅顏禍水」的理論，認為美麗的女性經常會引致男性金錢、名譽等損失，甚至引發戰亂和朝代覆亡等。夏之妹喜、商之妲己、周之褒姒、晉之驪姬，被稱為「四大妖姬」，所謂美若天仙，卻毒如蛇蠍。但作為一國之君的男子漢、大丈夫，就沒有任何責任嗎？

　　吳偉業寫《圓圓曲》，痛罵的是引清兵入關的吳三桂，說他「衝冠一怒為紅顏」，反而稱讚陳圓圓為「一代紅妝照汗青」，沒有把亡國責任推到弱女子身上。白居易寫《長恨歌》，固然批判了君主的荒淫怠慢，但重點依然落在惋惜唐明皇和楊貴妃「在天願作比翼鳥，在地願為連理枝」的愛情悲劇。由此可見，古人眼中的婚姻愛情、男歡女愛，並不是一片灰白，而是充滿着色彩。

君子好逑

4.1.1

關關雎[追]鳩[溝]，在河之洲。窈窕淑女，君子好逑[求]。

參差[幸]荇菜，左右流之。窈窕淑女，寤[誤]寐求之。

求之不得，寤寐思服。悠哉悠哉，輾轉反側。

《詩經・周南・關雎》

4.1.2

摽[瓢五聲]有梅，其實七兮。求我庶士，迨[待]其吉兮。

摽有梅，其實三兮。求我庶士，迨其今兮。

摽有梅，頃筐塈[氣]之。求我庶士，迨其謂之。

《詩經・召南・摽有梅》

語譯　雎鳥關關鳴相催，河中小洲來復去。姑娘溫柔又漂亮，君子傾心好情侶。
　　　長短不齊青荇菜，左顧右瞧河邊取。姑娘溫柔又漂亮，朝思暮想成雙對。
　　　追求沒能如心願，日思夜想亂心緒。相憶無盡恨綿綿，翻來覆去難安睡。

說明　《關雎》是《詩經》書中的第一首詩，稱為「風之始也」。詩人藉河邊水鳥起興，刻畫了君子對淑女的愛慕。孔子認為詩中呈現的是一種「樂而不淫，哀而不傷」的戀愛態度，而且這段愛情雖經歷曲折、困難，最後還是有始有終，成為理想婚姻的典範。《毛詩序》說《關雎》「所以風天下而正夫婦也」，移風易俗，鼓吹恩愛，都離不開《關雎》這首詩。

語譯　梅子落地亂紛紛，樹上果子仍七分。追求我的小伙子，不要耽擱誤良辰。
　　　梅子落地亂紛紛，枝頭果子剩三分。追求我的小伙子，好趁今天莫再等。
　　　梅子落地亂紛紛，簸箕盡收滿十分。追求我的小伙子，且莫遲疑快提婚！

說明　這是一首大膽的求愛詩，詩分三章，運用了重章法和層遞法，情感一層緊似一層。詩中「求我庶士」，其實是我求庶士，情感真摯和直率。女主人翁摽梅已過，可惜嫁娶無期，心中的焦急可以想見。

4.1.3 蒹[兼][加]葭蒼蒼，白露為霜。所謂伊人，在水一方。

溯洄[回]從之，道阻且長；溯游從之，宛在水中央。

《詩經・秦風・蒹葭》

4.1.4 青青子衿[襟]，悠悠我心。縱我不往，子寧不嗣音？

青青子佩，悠悠我思。縱我不往，子寧不來？

挑兮達兮，在城闕兮。一日不見，如三月兮。

《詩經・鄭風・子衿》

語譯　河邊蘆葦青蒼蒼，成霜露水放寒光；心中那人在何處？就在河水另一方。
追尋那人逆流上，道路險阻復漫長。順着流水再找她，彷彿在那水中央。

說明　這首詩起筆用了託物起興的手法，藉深秋霜降景物，營造尋找意中人又求之不得的淒迷意境。伊人的可望而不可及，求索期間的險阻、漫長和崎嶇，象徵了對純真愛情的堅定追求。

語譯　那襲青青的衣襟，緩緩牽動我的心。縱然沒法來看你，豈不給我捎佳音？
青青玉佩泛光彩，綿綿思念使人哀。縱然沒法來看你，難道不能主動來？
徘徊張望思斷腸，在那高高城樓上。一天不能見你面，感覺有如三月長！

說明　本詩刻畫一位女子迷戀着一個讀書郎。青黑的衣襟正是當時學子的服飾，青青的佩玉也顯示出男子的貴族身分。佳人本來有意，加上公子多情，兩人相約在城樓見面，可惜久等不至，女子望眼欲穿，只好埋怨情人沒有心肝，毫不認真，但最後還是對這位公子哥兒朝思暮想。錢鍾書《管錐編》指出：「《子衿》云：『縱我不往，子寧不嗣音？』『子寧不來？』薄責己而厚望於人也。已開後世小說言情心理描繪矣。」閱讀《子衿》，就像看一個短篇小說。

君子好逑

4.1.5 彼狡童兮，不與我言兮。維子之故，
使我不能餐兮。
彼狡童兮，不與我食兮。維子之故，
使我不能息兮。

《詩經·鄭風·狡童》

4.1.6 彼采葛兮，一日不見，如三月兮！
彼采蕭兮，一日不見，如三秋兮！
彼采艾兮，一日不見，如三歲兮！

《詩經·王風·采葛》

語譯	那個英俊小哥哥，不肯和我說話啊。都是為了你，害我茶飯不思啊。 那個英俊小哥哥，不願和我共餐啊。都是為了你，害我睡不安寢啊。
說明	這首詩寫一個女子，被帥小伙冷落的忐忑。當初大家應該是蠻要好的，後來小哥哥變得冷淡了，先是不瞅不睬，然後吃飯時也走開了。女子由當初對愛情充滿憧憬，到茶飯不思，再而睡不安寢，經歷了劇烈的情感變化。是男孩子變心了嗎？抑或女子自作多情？還是他在生她的氣？給我們留下很大的想像空間。

語譯	那個採葛的姑娘啊！一天不見她，好比隔了三個月啊。 那個採蕭的姑娘啊！一天不見她，好比隔了三個秋啊。 那個採艾的姑娘啊！一天不見她，好比隔了三年長啊。
說明	作者運用了誇張和層遞手法，表達了對一位女孩子的思念。

許多人都讀過《關雎》這幾句詩：「關關雎鳩，在河之洲。窈窕淑女，君子好逑。」(4.1.1) 哪個少女不懷春？哪個公子不多情？美好溫順的女孩子，都是公子哥兒們心目中的好佳偶。這應該是人同此心，心同此理吧。孔子稱讚說：「《關雎》樂而不淫，哀而不傷！」為甚麼呢？遇到窈窕淑女，設法「琴瑟友之」，愛意的表達，溫文爾雅，絕不過火；儘管公子多情，只是「輾轉反側」，內心的苦惱，含蓄內斂，沒有過分。

翻開《詩經》，我們不難發現許多歌頌愛情的作品。愛情，成為了當中的主要題材。詩篇的作者，一方面憧憬着愛情，為愛情信誓旦旦，不惜為愛情作出犧牲，另一方面始終自我約束，有分有寸。故孔子主張讀《詩》，他說：「入其國，其教可知也。其為人也，溫柔敦厚，詩教也。」當你去到那個地方（國），發覺那裏的人，不驕不躁，彬彬有禮，為甚麼呢？因為他們讀《詩》，所以有教養呀。當然，一個懂得愛情的人，他會善於表達愛意，也懂得去愛其他人。

《狡童》(4.1.5) 的女主人公愛上了一個小伙子。她直率而大膽地訴說出，對這個狡童的又愛又恨。她一心一意，把狡童放在第一位，卻換來一個又一個失愛的舉動，擾動着她的心情。狡童為甚麼不跟她說話？這讓她茶飯不思；然後為甚

麼不肯跟她共餐？又讓她睡不着覺。狡童的一舉一動，都讓她忐忑不安，食不知甘，寢不成寐。

再看《摽有梅》(4.1.2)的女主人公，看見梅子逐漸成熟，想到青春易逝，嫁杏無期，不勝傷感。「摽梅」指梅子成熟後，落在地上。「梅」與媒人的「媒」同音，於是聯想到婚姻。「其實七兮」「其實三兮」「頃筐塈之」，象徵着時間的不斷消逝；樹上剩下的梅子，由繁茂而漸少，再而所剩無多，好像一遍又一遍地提醒「庶士」：「花開堪折直須折，莫待無花空折枝！」北朝民歌有《折楊柳枝歌》：「門前一株棗，歲歲不知老；阿婆不嫁女，那得孫兒抱？」詩人同樣直率而大膽地，表達出對愛情的渴望。古代社會風俗，女子必須外嫁，絕少老死閨中，一旦摽梅已過，仍雲英未嫁，就承受着極大的內外壓力。唐朝詩人羅隱有《偶題》詩：「鍾陵醉別十餘春，重見雲英掌上身；我未成名卿未嫁，可能俱是不如人。」作者把自己科舉未能中式，雲英始終未能嫁人，都視為不如別人的表現。語調固然幽默，另一方面也充滿着辛酸與無奈。

古代的男孩子，對於愛情也是不甘後人。《蒹葭》(4.1.3)的詩人，獨步於秋天的早晨，在蘆葦掩映下，逆流而上，走過彎曲的水道，經歷了障礙、崎嶇和迂迴，一直尋找着「在水一方」的意中人。可惜對方若即若離，始終無法企及。詩一般的畫面，謎一樣的意中人，磐石一樣的堅定意志，讓愛情充滿了浪漫和積極的調子。

愛情總是由約會開始。《子衿》(4.1.4) 的女主人公，與心上人相約在城樓見面。男孩子「青青子衿」的貴族學子服飾，讓她印象深刻。可惜久等不至，女子望眼欲穿，心情鬱悶。時間逐漸過去，她的心情也在起落變化。先是埋怨情人有事不來，總得捎個信來呀；即使我不去找你，難道你不能主動來嗎；最後產生了「一日不見，如三月兮」的無限情思。《楚辭・九歌・山鬼》寫山中女神與心上人幽會，穿上最漂亮的衣服，還帶了禮物送給對方。當初擔心自己遲到，連推搪的藉口也想好了，可惜始終不來的卻是心上人。她在失戀的惶惑中不知如何是好，嘗試尋找解釋卻騙不過自己。最後在風雨雷鳴、猿狖哀啼的夜裏，感到惱怒和痛苦。古代的詩人似乎都在追求專一純真的愛情，但往往事與願違。

《詩經・邶風・靜女》則反過來寫一位男孩子約會女孩子，可惜佳期密約，愛人總是不來。「愛而不見，搔首踟躕」一句，維妙維肖地刻畫出男孩子抓耳撓腮、一籌莫展的憨態。靜女有甚麼可愛之處？原來她曾經送來一根荑草，所謂物輕情義重，詩人卻感到無比歡喜。「匪女之為美，美人之貽。」詩人的審美標準，不在於花容月貌和物質價值，而在於深深的情意。又有《鄭風・出其東門》詩人，在士女出遊的春月，看見

美女如雲，可他沒有怦然心動，因為他早已有意中人了。只有那個素衣綠頭巾的女子，才讓他愛在心裏（「出其東門，有女如雲；雖則如雲，匪我思存；縞衣綦巾，聊樂我員」）。此情此景，與辛棄疾《青玉案》「驀然回首，那人卻在、燈火闌珊處」的千古名句差相彷彿。

又《詩經．鄭風．有女同車》刻畫一個貴族男子，當木槿花開的夏秋之際，乘車迎娶姜家的大姑娘。男子看見姑娘的臉兒如花嬌豔，在馬匹飛快奔馳的路程上，心情也如騰雲駕霧般。不過，詩人特別強調，他愛的不僅僅是她的美貌和高貴，更加看重的是她的高尚品格（「洵美且都」「德音不忘」）。古人為甚麼說「《國風》好色而不淫」，因為在這些發乎真情的愛情詩歌裏，強調的並非男女間的情欲，而是愛情和品格。所以孔子說：「詩三百，一言以蔽之，曰：『思無邪』」（《論語．為政》），正是這個意思。

想一想　古人的擇偶條件，與今人可有不同？試加說明。

4.2

止乎禮義

4.2.1 故變風發乎情，止乎禮義。發乎情，
民之性也；止乎禮義，先王之澤也。

《毛詩序》

4.2.2
[昌]

將仲子兮，無逾我里，無折我樹杞。
豈敢愛之？畏我父母。仲可懷也，父
母之言，亦可畏也。

將仲子兮，無逾我牆，無折我樹桑。
豈敢愛之？畏我諸兄。仲可懷也，諸
兄之言，亦可畏也。

將仲子兮，無逾我園，無折我樹檀。
豈敢愛之？畏人之多言。仲可懷也，
人之多言，亦可畏也。

《詩經‧鄭風‧將仲子》

語譯
周朝衰微，各地民歌（指國風）作出了反映（變）。詩歌創作，雖出於真情實感，卻沒有越過禮義的界限。詩人真情流露，固然是自然而然的；守着禮義，知所收斂，則是得力於古代聖王的教化。

說明
《毛詩序》推許《關雎》為「風天下而正夫婦」的道德教材，認為這首詩呈現的是理想的男女關係。孔子也說：「《關雎》樂而不淫，哀而不傷」（《論語‧八佾》），表現出一種「中庸」之德。《毛詩序》當中這段文字，正好為此加上註腳。《國風》的詩人藉禮義來節制感情，不會一味放縱而不加約束。

語譯
求求你，我的仲子呀！不要翻越我家籬笆，不要弄折旁邊的杞樹。怎會捨不得杞樹的枝椏，我是害怕父母。仲子你固然讓我牽掛，但父母的話，也讓我害怕。

求求你，我的仲子呀！不要翻越我家圍牆，不要弄折牆下的桑樹。怎會捨不得桑樹的枝椏，我是害怕兄長。仲子你固然讓我牽掛，但兄長的話，也讓我害怕。

求求你，我的仲子呀！不要越過我家院牆，不要弄折園中的檀樹。怎會捨不得檀樹的枝椏，我是害怕鄰人閒話。仲子你固然讓我牽掛，但鄰人的閒話，更讓我害怕。

說明
熱戀中的女孩子，請求情人不要偷偷前來幽會，兩人的終身大事必須遵守禮法，因為人言可畏。

4.2

止乎禮義

4.2.3　伐柯如何？匪斧不克。取妻如何？匪媒不得。

伐柯伐柯，其則不遠。我覯之子，籩[邊]豆有踐。

《詩經・豳風・伐柯》

4.2.4　孔子南遊，適楚，至於阿谷之隧，有處子佩瑱[振]而浣者。孔子曰：「彼婦人其可與言矣乎！」抽觴[商]以授子貢，曰：「善為之辭，以觀其語。」子貢曰：「吾、北鄙之人也，將南之楚，逢天之暑，思心潭潭，願乞一飲，以表我心。」婦人對曰：「阿谷之隧，隱曲之氾，其水載清載濁，流而趨海，欲飲則飲，何問婦人乎？」受子貢觴，迎流而挹[泣]之，奐然而棄之，促流而挹之，奐然而溢之，坐、置之沙上，曰：「禮固不親授。」

《韓詩外傳・卷一》

語譯　怎麼砍取斧子柄？沒有斧頭不可行。妻子怎樣娶進門？沒有媒人也不能。
砍斧柄啊砍斧柄，這個規則在近前。要想一睹姑娘面，整齊食具設酒宴。

說明　做任何事均有合適的方法：伐柯做斧柄得依仗斧子，娶妻過門得依靠媒人。

語譯　孔子到南方交遊，經過阿谷的山道，看見一位佩着美玉的年輕女子正在洗衣。孔子對子貢說：「那個洗衣的女子，你去跟她聊聊。」然後把杯子遞給子貢，又說：「好好問她，看看她怎麼說。」子貢上前傳話：「我們是北邊來的人，往南去楚國，遇上天氣炎熱，心也焦了，希望討一杯水喝，好紓解一下悶熱的心。」女子說：「阿谷路上，是隱閉的山坳，這裏的水流，一條清一條濁，一同流入大海。你想喝水就喝吧，可跟我沒有相干。」接過子貢的杯子，先迎着水流盛水，盛滿後又倒去；再順着水流取水，盛滿後又溢出來。然後屈膝把杯子放在沙地上，說：「禮法不容許我親手交給你。」

說明　孔子眼尖，從女子身上佩玉，判斷出這位阿谷處子是一個有教養的人，於是派子貢去試探她。果然這位女子談吐優雅自信，應對有度，可見她是一個知禮的人。

4.2.5 子貢以告。孔子曰：「丘知之矣。」抽琴去其軫[診]，以授子貢，曰：「善為之辭，以觀其語。」子貢曰：「嚮子之言，穆如清風，不悖我語，和暢我心。於此有琴而無軫，願借子以調其音。」婦人對曰：「吾，野鄙之人也，僻陋而無心，五音不知，安能調琴。」子貢以告。孔子曰：「丘知之矣。」抽絺紘五兩[痴][宏]，以授子貢，曰：「善為之辭，以觀其語。」子貢曰：「吾、北鄙之人也，將南之楚。於此有絺紘五兩，吾不敢以當子身，敢置之水浦。」婦人對曰：「客之行，差遲乖人，分其資財，棄之野鄙。吾年甚少，何敢受子，子不早去，今竊有狂夫守之者矣。」

《韓詩外傳‧卷一》

語譯　子貢回去報告後，孔子說：「知道了。」然後拿出一張琴，鬆了琴馬，交給子貢說：「好好問她，看看她怎麼說。」子貢又上前：「剛才聽你說話，如沐清風，應對得體，令人舒暢。我這裏有一張琴，琴馬鬆了，希望你幫忙調調音。」女子說：「我是鄉下人，淺陋又不懂事，五音不識，怎能幫你調琴呢？」子貢報告孔子，孔子拿出五兩細葛布，交給子貢說：「好好問她，看看她怎麼說。」子貢上前說：「我們路過這裏，與你幸會，有五兩葛布，不敢親手給你，就放在先前的水邊吧。」女子說：「先生的行徑，令人不解，拿出財物，亂扔路上。小女子還年少，怎麼能接受你的好意？你們還不快走，我的丈夫就在不遠處哩！」

說明　本文用層遞手法，刻畫孔子師徒與這位奇女子的際遇之情。奉觴、調琴、獻絺等，都有求愛的暗示。女子外表端莊、談吐不凡、舉止優雅、態度自信，連聖人孔子也讚她通情達禮。宋朝洪邁《容齋隨筆》說：「觀此章，乃謂孔子見處女而教子貢以微詞三挑之，以是說《詩》，可乎？其謬戾甚矣，他亦無足言。」他批評孔子看見女子，竟教子貢再三挑逗她。孔子用這種心態來解釋《詩經》，說甚麼「發乎情，止乎禮」，那可以嗎？這是非常荒誕的，其他的也不值一談。其實，如果這個故事是真實的話，反而讓我們認識孔子活潑的一面。所謂「窈窕淑女，君子好逑」，只要雙方以禮相待，那又有甚麼問題呢？

古人事事守禮，男女大防更是重中之重，於是有「男女授受不親」的說法。男女之間「坐不同席，食不共器」，目的是防微杜漸。對於男女關係，孔子採取了折中的態度，所謂「飲食男女，人之大欲存焉」（《禮記‧禮運》），可以代表孔門的觀點。《毛詩序》也說：「發乎情，止乎禮義。」可見早期儒家肯定了男女之間的愛悅之情，然而不能放任生理欲望，做出逾越禮法的行為。換言之，談情說愛是可以的，但不管是兩廂情願，抑或自作多情，想要進一步發展，就必須遵照道德禮儀的規矩，要守住分寸，不能逾越禮法的界限，即孔子說的「非禮勿視，非禮勿聽，非禮勿言，非禮勿動」（《論語‧顏淵》）。可惜這種「通情達禮」的主張，在今天情欲橫流的社會，許多人會認為過時了。

古代婚姻講「父母之命，媒妁之言」，這跟今天重視自由戀愛仍相去甚遠。一男一女，互相認識，墮入愛河，結婚生子。這個過程在今人眼中，視為理所當然，但古人卻視為「非禮也」。為甚麼呢？因為次序錯了。男女共訂終身，那並非成為夫婦的基本條件。首先，必須經過「媒妁之言」，作為引薦。《伐柯》有言：「伐柯如何？匪斧不克。取妻如何？匪媒不得。」

（4.2.3）婚姻的第一步不是互相認識，而是媒妁之言，否則就是無媒苟合了。古代沒有身分證，但是男女的歲數和家庭背景，在媒氏（周朝時的官名）那裏都有記錄。其次，婚姻必須得到雙方父母的承認，所謂：「取妻如之何？必告父母。」（《詩經‧齊風‧南山》）此外，還要「合之以禮」，須經過婚禮的繁文縟節，公告親友，否則那是一種連禽獸也不如的行徑。

「父母之命，媒妁之言」的禮儀要求，為古代女性帶來了極大的壓力。《將仲子》（4.2.2）講述一位熱戀中的少女，用婉轉的口吻，懇求情人不要逾牆越戶，前來幽會。因為她害怕父母、兄長知道了要責備她，也害怕旁人的流言蜚語。沒有經過正式婚姻而結合，被視為野合、淫奔，女方會被譏為奔女。《史記‧孔子世家》記載孔子父親叔梁紇「與顏氏女野合而生孔子」。野合，就是沒有舉辦正式婚禮的結合。不過，這個出身背景並沒有阻礙孔子的奮鬥。孔子的好學不倦，讓他成為受人敬重的偉人。

至於《梁祝》的故事，主人翁就沒有那麼幸運了。梁山伯與祝英台同窗三年，不知英台是女兒身。後來英台回鄉，山伯到上虞尋訪這位知己好友，才得知事實，於是急向祝家提親，可惜誤了婚期，祝英台早已許配給馬文才。古代婚姻的決定權在於「父母之命，媒妁之言」，所謂自由戀愛，談何容易？山伯回家後悔恨交加，相思成疾，於是鬱鬱而終。英台出嫁時，迎親隊伍經過山伯墳墓，突然狂風大作，阻礙前進，英台下轎走到山伯墓前，墳墓突然

裂開，英台跳入墳中，墳墓隨即合上。其後墳中出現一對彩蝶，雙雙飛去。而山伯、英台亦成為爭取自由戀愛的愛侶典型，與沙翁著名悲劇《羅密歐與朱麗葉》（*Romeo and Juliet*）互相輝映。南朝樂府民歌有《華山畿》：「華山畿！華山畿！君既為儂死，獨生為誰施？歡若見憐時，棺木為儂開！」故事跟《梁祝》雷同，也是那麼淒美，天下有情人都不禁為之同聲一哭。

固然，禮儀對於女性，也不是一味只有壞處。知書識禮的女子，仍然可以藉着禮教的保護，拒絕男性的騷擾。孔子南遊時，曾遇到一位阿谷處女，三番四次示意子貢去試探。（4.2.4、4.2.5）子貢不負所託，一再含蓄地表達愛的宣言，卻遭女子一口拒絕。連孔子也讚歎：「斯婦人達於人情而知禮」，對她充滿着敬佩之情。又引《詩經》：「南有喬木，不可休息；漢有游女，不可求思」，表達了求之不得的惆悵。

另一方面，禮儀的規定是死的，但施行時卻要靈活處理。孔子一次與程子相遇，十分投契，叫子路拿禮物送贈對方，子路不願意，打比喻說男子沒經介紹，就像女子沒有媒人，大

家不會結交，這都是禮的規定。孔子說程子是天下賢德的人，大家不期而遇，今次不送，那就後會無期了。在禮儀和重德兩者的抉擇中，孔子選擇了後者。同樣，古人視婚姻為道德的結合。理想的婚姻關係不是「以色親」，而是「以德固」，以品德為基礎，甚麼夫人名分、聘禮爵祿，也不及品德的高貴。

《列女傳》記載了子瞀的故事。子瞀只是鄭國送來楚宮的媵妾侍女。楚成王登台，後宮佳麗都爭着圍觀，只有子瞀緩步走過，沒有回頭。楚王說：「回頭，我讓你做夫人。」子瞀沒有回頭。楚王又說：「回頭，我給你千金聘禮，封你父兄爵位。」子瞀竟直行而去。於是楚王從台上走下來，說：「夫人的名位，千金的財富，一顧可得，為甚麼你就不答應？」子瞀說：「大王在台上，我這樣回頭看你，是有失儀節。聽到夫人名位，爵祿財富，就馬上轉身，那是見利忘義啊。」由此可見，理想的婚姻關係，並非建立在禮儀名分上，也不在聘禮的多與少，最重要的還是兩人之間的互相了解和尊重。

想一想 即使在今天，結婚仍然有許多繁文縟節，有些人實在吃不消，有些人卻樂此不疲。既然婚姻是兩個人的事情，把這些禮儀都取消了是否利多於弊？

4.3

相敬如賓

4.3.1 使老有所終，壯有所用，幼有所長，矜寡孤獨廢疾者，皆有所養。男有分，女有歸。

《禮記・禮運》

4.3.2 婦人有三從之義，無專用之道。故未嫁從父，既嫁從夫，夫死從子。

《儀禮・喪服・子夏傳》

4.3.3 君子之道，辟如行遠必自邇，辟如登高必自卑。《詩》曰：「妻子好合，如鼓瑟琴；兄弟既翕[邑]，和樂且耽；宜爾室家，樂爾妻帑[奴]。」子曰：「父母其順矣乎！」

《中庸・十五章》

語譯	（大同社會）老人家都能安度晚年，壯年人都有工作可做，幼年人都能健康成長，孤獨無依靠的人和體有殘疾的人，都能得到社會照顧；男子各司其職，女子各有歸宿。
說明	《禮運》篇展現儒家理想社會的勾畫：每一個人，各盡其力，也各取所需；至於男性和女性，一主外，一主內，有着自己的社會身分或家庭崗位。

語譯	女子須遵守「三從」的規範，不能獨自行事。故女子未出嫁時要服從父親，出嫁後要順從丈夫，丈夫死了依從兒子。
說明	古代女子三步不出閨門，難以具備男性的社會地位和影響力。所謂「三從」，就是女性在人生不同階段都有着依靠。

語譯	君子修持正道，就譬如走遠路，必須從近處開始；又好比登高山，必須從低處開始。《詩經》說：「妻子兒女感情和睦，像彈琴鼓瑟一樣的和諧；兄弟間感情融洽，樂也融融；家庭一片和順，妻子兒女樂享天倫。」孔子讚美說：「這樣的話，父母就稱心滿意了。」
說明	家庭和睦，是快樂的泉源，也是君子向外發展事業的基礎。當中「妻子好合，如鼓瑟琴」，尤為重要。一位賢內助，是團結家人的重要角色。

4.3.4 公曰：「敢問為政如之何？」孔子對曰：「夫婦別，父子親，君臣嚴。三者正，則庶物從之矣。」公曰：「寡人雖無似也，願聞所以行三言之道，可得聞乎？」孔子對曰：「古之為政，愛人為大。所以治愛人，禮為大。所以治禮，敬為大。敬之至矣，大昏為大。大昏至矣！大昏既至，冕而親迎，親人也。親之也者，親之也。是故，君子興敬為親，舍敬，是遺親也。弗愛不親；弗敬不正。愛與敬，其政之本與？」

《禮記·哀公問》

4.3.5 初，臼季使過冀，見冀缺耨[紐六聲]，其妻饁[葉三聲]之。敬，相待如賓，與之歸，言諸文公，曰：「敬，德之聚也，能敬必有德，德以治民，君請用之。臣聞之：出門如賓，承事如祭，仁之則也。」

《左傳·僖公三十三年》

語譯　　魯哀公問：「請問應該怎樣去為政呢？」孔子回答：「夫婦有別，父子相親，君臣相敬，這三方面安頓好，那其他事情就跟着做好了。」哀公說：「寡人雖然不肖，卻很想聽聽做好這三件事的辦法。可以講一講嗎？」孔子說：「古人為政，最重愛人；要愛護別人，先要懂禮。怎樣守禮？該先存敬意。敬怎樣表現出來？大婚是最重要的機會。大婚的日子來到，要戴着禮帽、穿着禮服親自去迎娶，這是表示親愛的意思。所謂親愛，也就是親愛你的妻子。所以君子先心存敬意才懂得親愛，不存敬意也就是失去了親愛之情了。一個人不懂得去愛又怎麼會懂得親愛人民？倘若心無敬意那就差太遠了。愛與敬，就是為政者的根本吧！」

說明　　古人視婚姻為成家立室，要先存敬慎的態度，愛好自己妻子，再愛好家人，然後才懂得愛其他人。

語譯　　當初晉大夫臼季（胥臣）出使路過冀地，遇見郤缺（冀缺）在種田，妻子送飯，彼此恭敬，像接待賓客一樣。臼季請他回到晉國，並向晉文公推薦：「恭敬，是德行的表現。事事心存恭敬的人，就必定有德行，正好倚賴他來治理人民。您任用他吧。我聽過：出去工作如會見貴賓那樣莊重，處事要像辦理祭典那樣認真，這是處事待人的原則啊！」

說明　　從身邊小事就可看出一個人的處事態度。夫妻之間，朝夕共對，大家相處時不至隨隨便便，反而互相尊重，心存敬意，這個丈夫的品格必定讓人另眼相看了。

有人說：古代的夫婦關係，可以用「夫義婦聽」「相敬如賓」來形容。夫妻間的相處之道，在於遵從道義和互相敬重，至於男女之間的愛悅，好像沒有受到應有的重視。

在「義」和「敬」的支配下，家庭好像一個微型的朝廷。丈夫居於主導地位，妻子在家庭中的角色，就是「相夫教子」。《禮記・禮運》明確指出：「男有分，女有歸。」(4.3.1) 男子各有職分（士農工商等），女子各有歸宿（家庭崗位）。換言之，男性發展的是社會關係，女性扮演的是家庭中的角色。這等於我們今天所說的「男主外，女主內」吧。對於女性來說，自小長大的家庭，只算是「外家」。一旦結婚之後，生兒育女，血緣上與夫家連成一體，這才是她的真正歸宿。

古代女性不易為，她必須遵守「三從四德」，否則就會被人輕視。三從，即是「未嫁從父，既嫁從夫，夫死從子」(4.3.2)。女性不僅難以獨當一面，更沒有獨立的身分。她只會是某某人的女兒、某某的妻子，或某某的母親。她所以尊貴，因為有一位德高望重的父親、一位名成利就的丈夫，或一個出類拔萃的兒子。三從之外，又有四德，即婦德、婦言、婦容和婦功。四德並非指才華出眾、口舌便給、美豔動人和心精

手巧，這些有時更是適得其反。四德指愛護家人、言語得體、儀容整潔和持家有道，因為女性扮演的是維護家庭的角色。在古代，三從四德對女性有着非常重要的意義，也是男性選擇妻子的首要標準。

也許有人會問：古代女子要講「三從四德」，男子卻可三妻四妾，為甚麼這麼不公平？其實做丈夫的也要做到「三義」，即：道義（照顧家庭、服務社會）、情義（愛護妻子）和恩義（敬長慈幼）。這正是儒家講修身齊家的老傳統。這個擔子，也着實不輕。故此，女子必須聽從、尊重她生命中最為重要的三位男性（父親、丈夫和兒子），男人就要負起各種家庭和社會責任，這就是「夫義婦聽」。

夫婦兩人的人生目標既是這樣不同，他們又是如何相處的？古人說：夫婦之間要相敬如賓，也就是夫妻之間必須互相尊重。「相敬如賓」這個成語，出自春秋時代晉國郤氏家族的故事（4.3.5）。大夫郤芮因反對晉文公歸國而被殺，後人也受到連累而被棄用。一天，晉文公要求大臣舉薦人才。胥臣於是告訴晉文公，他路經冀野時，看見一人在田裏耕種，妻子為他送飯。妻子恭敬地把飯食端給丈夫，丈夫接過後向妻子作揖致謝。丈夫吃飯，妻子在旁垂手恭立。飯後妻子整理器具回家，丈夫恭立目送妻子離去。這個人就是郤缺，郤芮的兒子。這一幕讓胥臣十分感動，他對晉文公說，治理國家就需要這樣的人才，憑他

夫妻兩人相敬如賓，相信他處事待人也必定井井有條。晉文公沒有嫌棄郤缺是罪臣之子，予以重用。後來郤缺立下戰功，晉升為卿。由此可見，夫妻間「相敬如賓」，是齊家的最好證明。齊家的人，才可治國，古人對此深信不疑。

不過，有人認為，婚姻是人際關係中最親密的關係，夫妻間理應講愛，並非講敬。愛是感性和親切的，敬是理性和冷冰冰的。用理性去駕馭感性，夫妻間的感情只會大打折扣。夫妻間相敬如賓，讓人感覺關係變得疏遠了。

《韓詩外傳》記載了孟子休妻的故事。一天，孟子的妻子獨自一人在屋裏，踞坐在地上休息。這種坐姿在古代是非常不禮貌的。恰恰在這時，孟子突然推門而入，看在眼裏，感到尷尬，就向母親說要休妻。孟母問明原委後，卻認為不對的是孟子。按照禮法，進門的時候，必須先問誰在屋裏；將要進廳堂的時候，須先高聲傳揚，讓裏面的人知道；將進屋的時候，必須眼往下看，避免看到不該看的東西。孟母指出，孟子來到妻子休息的居處，進屋沒有聲響，人家不知道，因而讓你看到了她踞坐在地上的樣子；這是你不講禮儀，而不是妻子不講禮儀。孟子聽了孟母的教導後，感到自責，明白到錯的是自己。這

個故事傳達出來的信息是，夫妻之間必須互相尊重，互相體諒，絕對不能有己無人，這就是敬的含意。

韓非子説：「夫妻者，非有骨肉之恩也。愛則親，不愛則疏。」夫妻之間固然有愛，但熱戀過後，感情會變淡；反而尊重對方個人自由、承認對方獨立人格的敬，是夫妻間更深層的愛。故愛悦之情易淡，而相敬如賓如友之情，則如醇酒，久而益厚益濃。唐君毅《與青年談中國文化》：「夫婦重愛尤重敬。敬即承認對方之獨立人格之謂。由夫婦之有愛且有敬而不相亂，是謂夫婦有別。由是而男女夫婦之關係，乃不至於沾戀狎褻，而別於禽獸。」年輕人往往用輕率的態度去對待愛情，一句「我愛您」隨時可以宣之於口。其實愛包含了互相尊重和珍惜對方，那是要用一生的時間去學習的。

想一想

孟子休妻的故事，無論他們夫妻之間是「愛」出了問題，抑或「敬」出了問題，你認為「愛」「敬」兩者中，何者對挽救這段婚姻更加有效？試加說明。

4·4 生死契闊

4·4·1 死生契闊，與子成說；執子之手，與子偕老。

《詩經·邶風·擊鼓》

4·4·2 綢繆束薪，三星在天。今夕何夕，見此良人？子兮子兮，如此良人何？

《詩經·唐風·綢繆》

4·4·3 蔡人之妻者，宋人之女也。既嫁於蔡，而夫有惡疾。其母將改嫁之，女曰：「夫不幸，乃妾之不幸也，奈何去之？適人之道，壹與之醮，終身不改。」

《列女傳·貞順》

語譯　人生聚散真苦透，誓要和你相廝守；緊緊握着你的手，跟你相依到白頭。

說明　古人對愛情極為認真，兩情相悅，就生死廝守，絕不輕率。

語譯　一把木柴捆成束，天上參星亮晶晶。今夜究竟是哪夜？見這夫君真高興。要問你啊要問你，好好跟你說衷情！

說明　《詩經》多用捆束柴薪來比喻婚姻，因為晚上婚宴慶祝時，都拿火把燭炬來照明。女子來到夫家，已是「三星」處在中天的時分，故「婚」字源於「黃昏」。這首詩用女子口吻，歌唱出兩人新婚初見的喜樂。

語譯　蔡人的妻子，是宋人的女兒。當她嫁給蔡人後，才得知丈夫有惡疾。母親知道後想讓她改嫁，可她說：「丈夫的不幸，也是我的不幸，怎麼能離開他呢？嫁人的正道，一旦出嫁，便應該終身不改。」

說明　夫妻之間，同命相連，無論哪一方遭遇困難，雙方都要共同面對、共同承擔。這位蔡人之妻本來可以改嫁，但她拒絕了母親的「好意」，決定對丈夫不離不棄，而且這純粹出於個人的抉擇。

4·4·4 有工女託于晏子之家焉者，曰：「婢妾，東廓之野之也。願得入身，比數於下陳焉。」晏子曰：「乃今日而後自知吾不肖也！古之為政者，士農工商異居，男女有別而不通，故士無邪行，女無淫事。今僕託國主民，而女欲奔僕，僕必色見而行無廉也。」遂不見。

《晏子春秋·外篇下》

4·4·5 田無宇見晏子獨立於閨內，有婦人出於室者，髮班白，衣緇布之衣而無裏裘。田無宇譏之曰：「出於室為何者也？」晏子曰：「嬰之家也。」無宇曰：「位為中卿，田七十萬，何以老為妻？」對曰：「嬰聞之，去老者，謂之亂；納少者，謂之淫。且夫見色而忘義，處富貴而失倫，謂之逆道。嬰可以有淫亂之行，不顧於倫，逆古之道乎？」

《晏子春秋·外篇下》

語譯　有一個織女，竟然自託終身於晏子。她說：「我是城東那邊的人，希望能進身，在您的姬妾中充個數。」晏子說：「那麼從今天以後，別人都知道我這個人不好了。古人執政，士、農、工、商，須分開居住，加上男女有別，各不相通。故此，男子沒有邪僻行為，女子不做淫邪之事。現在我受託於國，主理政務，而你想私奔於我，那我一定是貪圖美色而沒有廉恥了。」於是不再見她。

說明　每一個人在社會上都扮演着某種身分和角色。作為宰相，必須見信於民，作為榜樣，不能自以為高高在上，就目無法紀，見色起心。

語譯　大夫田無宇來到晏家，見晏子站在屋內，有個婦人從屋裏走出來，頭髮斑白，身穿黑布衣服，衣服裏面不見皮襖。田無宇問：「剛才走出去的是誰？」晏子答：「是我老伴。」田無宇說：「你位居中卿，食田七十萬畝，怎麼還守着這個老婆子？」晏子說：「我聽過：拋棄老伴，是亂來；娶少妻，是好色。何況貪圖美貌，見色忘義，一朝富貴就離棄家人，這是不義的行徑。我難道會做出淫亂的行為，不顧家庭，違背古道嗎？」

說明　古語說：「貧賤之交不可忘，糟糠之妻不下堂。」可惜現實生活中，忘本的人不在少數。像晏子那樣，對糟糠之妻不離不棄的人，真是十分難得。

唐朝李復言《續玄怪錄》有一個「月下老人」故事，也就是我們今天常說的「月老」。故事主人公韋固是一個出身不錯的年輕人，父母早逝，想着早點成婚。一夜，在宋城旅舍中，遇到一位老人。老人坐在台階上，藉着月光在看書。韋固瞥見書中的字都不認得，覺得奇怪，於是問老人那是甚麼奇書。老人説那是「幽冥之書」（即鴛鴦譜），它掌管了人間的婚姻大事。老人告訴韋固，他口袋中備有赤繩，把男女兩人的腳綁住，他們就注定成為夫婦。又指向遠處那個賣菜單眼老嫗的女兒，説現在才三歲，正是他十四年後的妻子。韋固不信，覺得娶妻要門當戶對，於是派人把女孩殺死。十餘年後，韋固娶得相州刺史的姪女兒，發覺妻子眉上留有疤痕，查問之下，正是當日派僕人行刺失敗的女孩。這個恐怖故事帶出一個道理，就是古人相信良緣乃上天注定，是人力無法改變的。

因此，有人説古人的愛情觀，一開始就失去了自主的活力。加上男女雙方，都深深地被傳統的禮教束縛着，變得內斂和扭曲。尤其強調所謂「從一而終」，結果女性都成為受害者。《列女傳‧貞順》記載一位宋人的女兒，嫁作蔡人的妻子。可惜丈夫身有惡疾，母親想讓她改嫁。她説：「丈夫的不幸，也是我的不幸，怎麼能離開

他呢？嫁人的正道，一旦成婚，就應該終身不改。他的不幸，也是我的不幸，我們必須共同承受，我又怎忍心離開他呢？」(4.4.3) 就母親而言，女兒愚蠢至極，但這位女兒甘於面對個人的抉擇，絕不後悔。或者在今人眼中，這是沒得選擇的選擇，但她還是心甘情願地選擇了。

又有人認為，從一而終是外加於婦女身上的義務和責任，古人從沒理解過真正的愛情。難道真的是這樣？試看看《詩經・擊鼓》的詩人，久戍不歸，思念妻子，說出了「死生契闊，與子成說；執子之手，與子偕老」(4.4.1) 這樣至情至性的詩句。聞一多認為這幾句話「猶言生則同居，死則同穴，永不分離也」。用今天的話來翻譯，所謂「死生契闊」，就是一種跨越生與死的永恆之愛。彷彿電影《大話西遊》的經典台詞：「如果非要在這份愛上加上一個期限，我希望是⋯⋯一萬年。」「執子之手，與子偕老」，已成為了多少情侶的婚姻理想。這斷不是月下老人紅繩繫足，所能預先設定的劇本！

其實古人對於愛情絕不含糊，思想也十分浪漫。許多形容夫妻關係的成語都出於《詩經》，如「鳳凰于飛」（《大雅・卷阿》）、「如鼓琴瑟」（《小雅・常棣》）、「綢繆束薪」（《唐風・綢繆》）等。唐代「無題詩人」李商隱的愛情詩句「身無彩鳳雙飛翼」「錦瑟無端五十弦」，也是脫胎於此。當你朗讀《綢繆》：「綢繆束薪，三星在天。今夕何夕，見此良人」(4.4.2)，這跟清代詩人黃景仁「似

此星辰非昨夜，為誰風露立中宵」（《綺懷》）的深情詩句有何分別？《擊鼓》說的「死生契闊」，跟元好問《邁陂塘》說的「問世間，情是何物？直教生死相許」，其實也沒有兩樣。再如：「上邪！我欲與君相知，長命無絕衰。山無陵，江水為竭。冬雷震震，夏雨雪。天地合，乃敢與君絕！」漢樂府民歌對堅定愛情的大聲疾呼，也是跟《詩經》一脈相承的。

由此可見，古人對愛情極為認真，兩情相悅，就生死廝守，絕不輕率。例如「續弦」這個詞，表示男子喪妻後再娶，原來出自春秋時伯牙與亡妻的動人故事。相傳伯牙善於鼓琴，妻子成為他的知音人。後來妻子病重，伯牙十分焦慮，無心彈琴。一天，臥床的妻子精神好了許多，讓伯牙為她操琴奏曲。伯牙彈得雅興正濃，忽然斷了一根琴弦，回頭一看，只見妻子已安詳離去。據說伯牙從此再也沒有碰過那把斷了弦的琴。故事當中，音樂象徵了夫妻之間的心靈契合，而斷弦也隱含了理想感情生活的失去。

也許，有人會擔心，無論怎樣美麗的愛情故事，絕少有圓滿的終局。那麼，試看看

晏子的故事吧。晏子雖然身材矮小，其貌不揚，但謙恭下士，能言善辯，竟然頗有女性緣。有一次，一個織女向晏子表白，私託終身，説希望在晏子的姬妾中充個數。晏子説：「那麼從今以後我就不好了。所謂男女有別，藉以防微杜漸。現在我受託治國安民，卻讓你私奔於我，那我豈不成了好色無行的人了？」於是不再見她。(4.4.4) 還有一次，大夫田無宇路過晏子家門口，見一個婦人從室內走出來，頭髮斑白，穿着黑布衣服，沒有穿皮裘。田無宇湊上去問晏子，剛才那位婦人是誰。晏子説是自己的妻子。田無宇譏笑晏子身為高官，田宅無數，卻為何跟一個老太婆廝守在一起。晏嬰回答：「我聽人説，拋棄老妻，那是壞德；另娶少妻，是為淫亂。見色而忘義，富貴而忘本，這個人豈不壞透了？我難道是這種人嗎？」這一席話，説得田無宇面紅耳赤，無地自容。(4.4.5)

可見鶼鰈情深、相廝相守，古人還是做到了。

想一想

讚美婚姻的成語有很多，你能舉出其中兩個，並解釋其中含意嗎？

二姓之好

4.5.1 公曰：「寡人願有言然。冕而親迎，不已重乎？」孔子愀然作色而對曰：「合二姓之好，以繼先聖之後，以為天地宗廟社稷之主，君何謂已重乎？……昔三代明王之政，必敬其妻子也有道。妻也者，親之主也，敢不敬與；子也者，親之後也，敢不敬與？」

《禮記·哀公問》

4.5.2 桃之夭夭，灼灼其華。之子于歸，宜其室家。
桃之夭夭，有蕡[焚]其實。之子于歸，宜其家室。
桃之夭夭，其葉蓁蓁[津]。之子于歸，宜其家人。

《詩經·周南·桃夭》

語譯　魯哀公問孔子說：「寡人希望先生指點：天子諸侯身穿禮服親自去迎親，這禮節不是太隆重了嗎？」孔子聽後，正色回答道：「婚姻是兩個姓氏的結合，以延續祖宗的後嗣，成為將來祭祀天地、宗廟和社稷的主人，你怎麼能說太過隆重了呢？……從前夏、商、周三代君主治理政事，首先敬重自己的妻與子，這是有道理的。因為妻是宗族傳承的主體，子是傳宗接代的後繼，豈敢不敬呢？」

說明　通過婚姻，兩個家庭得以聯結在一起；妻子生兒育女，也讓祖先和後人連繫為一。可見古代家庭的蓬勃發展和不斷壯大，實在與婚姻有關。

語譯　茂盛桃樹嫩枝芽，開着燦爛大紅花。這位姑娘要出嫁，和和睦睦滿室家。
茂盛桃樹嫩枝芽，桃子纍纍大如瓜。這位姑娘要出嫁，美好和諧樂滿家。
茂盛桃樹嫩枝芽，葉子繁多有光華。這位姑娘要出嫁，彼此團結好人家。

說明　女子嫁入夫家，是一個外來者，她要作出適應，家人也要作出配合。今天我們會用「宜室宜家」，來讚美一段良緣，婚後一家子能團結一致，過着和諧的生活。

4.5.3　誰謂雀無角？何以穿我屋？誰謂女無家？何以速我獄？雖速我獄，室家不足！

誰謂鼠無牙？何以穿我墉？[容]誰謂女無家？何以速我訟？雖速我訟，亦不女從！

《詩經·召南·行露》

4.5.4　召南申女者，申人之女也。既許嫁於酆，[風]夫家禮不備而欲迎之，女與其人言：「以為夫婦者，人倫之始也，不可不正。傳曰：『正其本，則萬物理。失之豪釐，差之千里。』是以本立而道生，源治而流清。故嫁娶者，所以傳重承業，繼續先祖，為宗廟主也。夫家輕禮違制，不可以行。」遂不肯往。夫家訟之於理，致之於獄。女終以一物不具，一禮不備，守節持義，必死不往，而作《詩》曰：「雖速我獄，室家不足。」言夫家之禮不備足也。

《列女傳·貞順》

語譯　誰說麻雀沒有嘴？怎麼啄穿我房屋？誰說你沒有家室？為何害我陷刑獄？縱然讓我陷刑獄，逼嫁理由也不足！
誰說老鼠沒牙齒？怎麼穿透我牆壁？誰說你沒有家室？為何害我吃官司？即使讓我吃官司，我也堅決不嫁你！

說明　《行露》詩人受到已婚無賴的騷擾，甚至以刑獄相逼，但這位女子始終不畏強權，拒婚不嫁。古代女性在家庭中地位不及男性，同時要肩負起許多責任，但她的意願仍然要受到尊重。

語譯　召南的申家女兒，許配嫁給酆地的人家，夫家沒有備齊聘禮就想迎娶她。申女對夫家的人說：「夫妻關係是人倫的開端，不可以不講規矩。古書說：『守着根本，才是萬物的正理。開始時差以毫釐，最後就會謬以千里。』所以基礎妥當才好辦事，源頭治理好流水才會清澈。娶妻嫁女，着重的無非生育後嗣，繼承家業，日後擔當一家之主。倘若夫家輕視禮法、違背規矩，我就不能嫁過去了。」這個女兒果真不肯出嫁。夫家報官評理，將她收押牢房。申女始終以聘禮不齊、禮節不全而拒絕，寧死不嫁，並以《詩》明志：「雖速我獄，室家不足。」錯的是夫家沒有依禮辦事。

說明　這位申家女兒知書識禮，引用《詩經‧召南‧行露》的詩句為憑，表明心志，依禮拒婚，其他人也沒奈她何。男女婚姻固然要講求和諧，但如果受到夫家輕視，不受尊重，古代女子仍然會據理力爭。

古人認為婚姻是「合二姓之好」。男女間的終身大事，竟涉及了兩個家庭（姓氏）的所有人。

婚姻，又稱「昏因」，名字有點奇怪。原來古時婚禮，男方通常在黃昏時到女家迎親，而女方隨着男方出門。這種「男以昏時迎女，女因男而來」的習俗，就是「昏因」一詞的起源。從字面上看，「婚」（黃昏出嫁），指女家，「姻」（女之所因），指婿家，婚姻是指男娶女嫁的過程。據說原始社會有「搶婚」的習俗，《周易·屯》爻辭：「屯如邅如，乘馬班如，匪寇婚媾……乘馬班如，泣血漣如」，說的可能是搶親，男方求婚的人馬聚集，但堅貞的女孩不肯出嫁。即使到了今天，結婚仍然保留着哭嫁、聘禮、姊妹團、鬧洞房這類搶親風俗。

婚姻，有時不僅僅涉及兩個家庭，甚至是兩個國家。成語「秦晉之好」，出自《左傳·僖公二十三年》。當年晉獻公將女兒伯姬，嫁給後來位居五霸之一的秦穆公，稱為秦穆夫人，成為「秦晉之好」的開端。後來晉公子重耳出走，路過秦國，娶了秦穆公的女兒懷嬴為妻，並在秦穆公的幫助下回國登位，成為春秋五霸之一。秦晉兩國互通婚好，頗有點政治婚姻的意味。

秦晉之外，又有「朱陳之好」。唐朝詩人白居易有《朱陳村》詩：「徐州古豐縣，有村曰朱陳……一村唯兩姓，世世為婚姻。」一條村莊，兩家姓氏，世世代代，締結婚姻。自此，「朱陳之好」成為金玉良緣的讚美詞。但也有人認為，在讚美的背後，其實隱藏了家族之間「門當戶對」的含意。所謂「竹門對竹門，木門對木門」，婚姻變成了家庭之間的互利交易。《禮記》有云：「昏禮者，將合二姓之好，上以事宗廟，而下以繼後世也。」婚姻的本質，變成光大門楣和傳宗接代的義務與責任，男女相愛已變得不再重要了。因此，女性的地位被碾壓到十分卑微。夫唱婦隨的謊言，掩蓋不了男尊女卑的真實畫面。《左傳・僖公二十四年》有「女德無極，婦怨無終」一語，意思是說，如果女子有德，德是很高的，如果心生埋怨，就無終無了。這類歧視女性的觀點，在古代社會並不鮮見。

不過，古代的婚姻也有積極的一面。《詩經・桃夭》：「桃之夭夭，灼灼其華。之子于歸，宜其室家。」(4.5.2)詩人借桃樹花兒開得紅燦燦，比喻姑娘過門後融入夫家，讓家庭上下和睦，幸福美滿。故此，婚姻所以「合」二姓之「好」，二姓不僅僅是兩個家庭，更指一男一女兩個性別。《周禮・地官・小司徒》鄭玄注：「有夫有婦然後為家。」家庭是由男女雙方組織起來的，然後生兒育女，瓜瓞綿綿。《說文解字・女部》解釋「好」字：「好，美也。从女、子。」「好」字由一「女」一「子」結合在一起，有美好、親愛、和睦的含意。古人認為女子婚後生兒育

女，成為母親，才真是「好」，真真正正的合二姓之好。

反過來說，婦女嫁入夫家，也十分重視她的應有地位和尊嚴。《列女傳》有一個有趣的故事。一位申氏女孩已許婚嫁到酆這個地方，可是夫家沒有按照當時禮法去迎娶，而且聘禮太薄了，女子不嫁。她忿忿不平，跟男家的人理論：「以為夫婦者，人倫之始也，不可不正。」換言之，結婚是一切倫理關係的起點，不能不重視。婚禮必須有規有矩，不能馬虎，失之毫釐，就差之千里。夫家不按禮制辦事兒，就是把她輕視，當然不嫁。夫家也火了，跟女家打官司，把女子抓到牢裏。女子倒也硬氣，就是不服，引詩明志，說寧死不屈。(4.5.4) 婚姻賦予女性在家庭中扮演賢內助的角色，這是女性的尊嚴，所以當她的尊嚴受損，堅定的女性就敢於據禮力爭，絕不妥協。

其實夫妻兩人，來自兩個不同家庭，各有姓氏，性別不同，性格互異，結為夫婦後，必須彼此配合，互相扶持。丈夫要照顧和保護好妻子，妻子也好好照顧和幫助丈夫。在第一冊中，我們介紹過黔婁之妻和御者之妻，她們都能幫助丈夫，發揮賢內助的角色。黔婁夫人施良娣，是

戰國時齊國賢士的妻子。她貴族出身，知書達禮，卻下嫁平民，從此脫下綺羅，換上布衣，做到了嫁雞隨雞，嫁狗隨狗，一直過着貧窮的生活。黔婁先生修身清節，魯國和齊國君主打算禮之以粟糧和黃金，聘他為相為卿，他都辭而不受。他死後，黔婁夫人繼承他的遺志，設館授徒，專心教化，樹立了賢慧妻子的美好典範。至於晏子車夫的妻子，先是對丈夫的表現十分不滿，認為他只不過為國相駕車罷了，就意氣揚揚，自以為是。反觀晏子身居高位，卻鳴謙接下，故此車夫妻子批評丈夫不懂得學習晏子的謙卑，下堂求去。後來丈夫大徹大悟，痛改前非，收斂起來。晏子得知後舉薦車夫為齊國大夫。可見妻子也不必事事順從和遷就丈夫，而是愛之以德，擇善而固執之。從這個角度來看，賢內助的含義不僅僅是輔助和附庸的位置。妻子和丈夫之間，有着對等的地位，無分軒輊，也不分彼此。

丈夫和妻子，一男一女，各有所長，亦有不足，必須互相尊重，互相配合，方能團結一致，合二姓之好，締結圓滿的婚姻。

想一想

今人結婚有哪些婚姻禮儀？試就其中兩項，談談它背後的意義。

古人講求「夫和而義，妻柔而正」（《左傳・昭公二十六年》）。丈夫要有丈夫的擔當，態度要隨和，行事要合理，務求把妻子照顧好；妻子也要做好賢內助角色，態度要柔順，做事要順從，須遵守「三從四德」，切忌任意妄為，違背了丈夫的想法。本篇引錄《左傳》兩段文字，分別記述了齊桓公和晉文公，與他們兩位夫人的故事。

● 齊桓公：春秋時代齊國國君，任管仲為相，推行改革，號稱「九合諸侯，一匡天下」，成為春秋五霸之首。

● 蔡姬：齊桓公的夫人，蔡穆侯之妹，因戲水盪舟過甚，惹怒齊桓公，被遣回蔡國，但始終未絕。同年，蔡侯將她改嫁。結果齊桓公吃起醋來，大興問罪之師，蔡國差一點就給滅了。

● 晉文公：名重耳，晉獻公之子，因驪姬之亂出走國外，歷經衛、齊、鄭、楚、秦等國。重耳當初去到齊國，齊桓公送他二十輛車馬，又將宗室女齊姜嫁給他。重耳於是在齊國過着安逸的生活，部下狐偃等人十分擔心，合謀把重耳灌醉了，將他送走。重耳後來回國登位，成為晉文公。

● 齊姜：是齊桓公的宗女，晉文公的夫人，為人深明大義，而且有膽有識。她為重耳解除了危機，又勸告他趕快離開齊國，可重耳執意不肯。齊姜於是跟部下狐偃合謀，把重耳送走。

　　古人講「夫和妻柔」（夫和而義、妻柔而正），丈夫要隨和合理，妻子要溫柔賢淑。故事中蔡姬和齊姜，同樣違逆了丈夫的心意，但兩人的遭遇卻大有不同。至於齊桓公和晉文公，作為丈夫，應該有丈夫的雅量，有丈夫的擔當，理應做好「夫和而義」的角色，可兩人在記述中都沒有做到。這四位主人公在夫妻相處方面的表現如何？大家試細讀以下兩段文字：

原 文　齊侯與蔡姬乘舟于囿，蕩公。公懼，變色；禁之，不可。公怒，歸之，未絕之也。蔡人嫁之。（《左傳‧僖公三年》）

語 譯　齊桓公與夫人蔡姬在園林中乘舟遊玩，蔡姬故意晃動小船，桓公嚇得臉色都變了，他阻止蔡姬，蔡姬卻不聽。桓公一怒之下讓她回到了蔡國，但沒有說與她斷絕夫妻關係，蔡姬的哥哥蔡穆侯卻讓她改嫁了。

原 文　及齊，齊桓公妻之，有馬二十乘，公子安之。從者以為不可，將行，謀於桑下。蠶妾在其上，以告姜氏。姜氏殺之，而謂公子曰：「子有四方之志，其聞之者，吾殺之矣！」公子曰：「無之。」姜曰：「行也。懷與安，實敗名！」公子不可。姜與子犯謀，醉而遣之。醒，以戈逐子犯。（《左傳‧僖公二十三年》）

語 譯　重耳到了齊國，齊桓公給他娶了個妻子，還給了他八十匹馬。重耳對這種生活很滿足，但隨行的人認為不應這樣呆下去，想去別的地方，便在桑樹下商量這件事。有個養蠶的女奴正在桑樹上，回去把聽到的話報告了重耳的

妻子姜氏。姜氏把女奴殺了，對重耳說：「你有遠行四方的打算吧，偷聽到這件事的人，我已經把她殺了。」重耳說：「沒有這回事。」姜氏說：「你走吧，懷戀妻子和安於現狀，會毀壞你的功名。」重耳不肯走。姜氏與狐偃商量，用酒把重耳灌醉，然後把他送出了齊國。重耳酒醒之後，拿起戈就去追擊狐偃。

古人婚娶須有父母之命、媒妁之言，故給人「盲婚啞嫁」的印象，甚至認為夫妻之間，完全沒有感情可言，但事實並非如此。古人夫妻恩愛，往往更甚於今人。就以宋代大文豪蘇東坡為例，他跟妻子王弗的愛情故事，記載於《亡妻王氏墓誌銘》，讓人留下深刻的印象。王氏十六歲就嫁給蘇軾，為人端莊賢淑，侍奉翁姑十分孝順。每當蘇軾讀書，她就坐在旁邊，而且記住了書籍的內容。蘇軾與人交往，她旁觀者清，給予的意見都十分中肯。可王氏僅僅二十七歲就逝世了。蘇軾父親吩咐：「媳婦跟你一起同甘共苦，千萬不能忘記她啊！」王氏逝世十年後，蘇軾對她仍然念念不忘。筆下一首《江城子・乙卯正月二十日夜記夢》，多少年來，被公認為情詩中的極品。

原 文 十年生死兩茫茫。不思量，自難忘。千里孤墳，無處話淒涼。縱使相逢應不識，塵滿面，鬢如霜。

夜來幽夢忽還鄉。小軒窗，正梳妝。相顧無言，惟有淚千行。料得年年腸斷處，明月夜，短松岡。

(語)(譯) 你我夫妻訣別已經整整十年，強忍不去思念可終究難相忘。千里之外那座遙遠的孤墳啊，竟無處向你傾訴滿腹的悲涼。縱然夫妻相逢你也認不出我，我已經是灰塵滿面、兩鬢如霜。昨夜我在夢中又回到了家鄉，在小屋窗口你正在打扮梳妝。你我二人默默相對慘然不語，只有流出淋漓熱淚灑下千行。料想得到我當年想她的地方，就在明月的夜晚、矮松的山岡。

第 一 問

古人講「夫和妻柔」，丈夫要隨和合理，妻子要溫柔賢淑。蔡姬也好，姜氏也好，都沒有服從丈夫的指示，她們是否都不符合「妻柔」的要求？又齊桓公和晉文公，是否做好「夫和」的角色？試加以分析。

第 二 問

有人說蘇軾《江城子》對妻子王氏所流露的感情，是一種「視死猶生」的永恆之愛。試就該詞的內容加以探討。

古人講「夫和妻柔」，丈夫要隨和合理，妻子要溫柔賢淑。蔡姬也好，姜氏也好，都沒有服從丈夫的指示，她們是否都不符合「妻柔」的要求？又齊桓公和晉文公，是否做好「夫和」的角色？試加以分析。

古書中常常提到「夫和妻柔」(《晏子春秋》)，也就是説丈夫要隨和、合理，要把妻子照顧好；妻子必須柔順、服從，不可違背丈夫的意願。通過蔡姬和姜氏的故事，我們可以對「夫和妻柔」有更深入的認識。

蔡姬和齊桓公

齊桓公為中原霸主，小小蔡國的蔡穆侯為巴結他，就將妹妹蔡姬嫁去齊國。一天，齊桓公和蔡姬在湖上泛舟，這其實是蔡姬受到寵愛的表現。可蔡姬有公主脾氣，見了水就頑皮起來，向齊桓公潑水。但這個齊桓公不解風情，沒有理會她。她卻越是胡鬧，擺動身子，船也猛烈搖晃起來。齊桓公十分害怕，立即制止她。蔡姬竟聽而不聞，嘻嘻哈哈地把船搖晃得更厲害。齊桓公這時已嚇得緊緊抓住船幫，臉色煞白。上岸之後越想越惱怒，翌日派一輛馬車把蔡姬送回蔡國。蔡姬本來是跟夫君鬧着玩的，沒想到他會認真起來。蔡姬遭到遣返，便一路哭哭啼啼，灰頭土臉地回到蔡國。哥哥蔡穆侯也一時氣不過，不由分説，竟然把妹妹改嫁了。齊桓公原本是要教訓一下蔡姬，讓她不要隨便耍性子，並無出妻之意。但蔡穆侯卻魯莽地讓蔡姬改

嫁，令齊桓公顏面盡失。於是齊國領着多國聯軍討伐蔡國，蔡國差一點亡國。齊桓公餘怒未息，順便揮軍南下，攻打楚國。楚成王派使臣跟齊師說：「君處北海，寡人處南海，唯是風馬牛不相及也。」風指發情，意即發情的牛和馬不相交配。換言之，是諷刺齊桓公不要把醋勁發作在楚人身上。

從這件事看來，蔡姬可有做到「妻柔而正」的角色？

● 在船上不斷搖晃（「蕩公」），十分危險，蔡姬沒有考慮丈夫和自身安危，那是不合理的。

● 蔡姬沒有察言觀色，齊桓公已十分害怕（「公懼，變色」），她卻渾然不覺。

● 齊桓公出言阻止，蔡姬沒有聽從（「禁之，不可」），這當然有違於「柔而正」的婦德。

另一方面，齊桓公在這事件中，是否已盡了「夫和而義」的夫妻相處之道？

● 齊侯先是臉色有變，讓蔡姬知道他恐懼，當蔡姬沒有反應後才出言阻止（「變色，禁之」）。

● 蔡姬不聽他的指示後他才動怒（「不可，公怒」），因為她沒有顧及彼此安危。

● 他沒有斷絕夫妻關係（「歸之，未絕之也」），即是要讓蔡姬好好反思。

齊桓公當初以較溫和的方式處理，但蔡姬沒有意會。

因為她一心想跟丈夫打情罵俏而已，沒想到丈夫以生命安危為考慮。齊桓公出言阻止後，蔡姬竟然不聽，這已是他容忍的極限，終於怒不可遏，一發不可收拾。當然，從好的一方面看，齊桓公命蔡姬回國，既是維護尊嚴，也是讓雙方暫時分開，互相冷靜一下的做法。但夫妻之間，是否有更好的溝通方式，讓雙方互相了解，而未至於要把妻子驅逐回家？可惜齊桓公沒有顧慮蔡姬的尊嚴，蔡姬也沒有理解丈夫的用意，加上蔡穆侯不知就裏，硬把妹妹改嫁，結果事情一錯再錯，而無法挽回。

這件事究竟是齊桓公「夫和而義」卻不解風情？抑或蔡姬撒嬌使性卻不識「妻柔」之道？已經難以說清。但這件事情由鬧劇發展成悲劇，卻是鐵一般的事實。

姜氏和晉文公

晉文公重耳還未登位時，是公子身分。晉惠公一直派人追殺他。他當初流亡到齊國，齊桓公作為政治投資，把宗女姜氏嫁給他。怎料重耳很快就安逸下來。一天部下狐偃、趙衰在一棵桑樹下商量離開齊國，卻被桑樹上一個女僕偷聽到。女僕把一切報告姜氏。齊姜為了保護丈夫，把女僕殺了。再引用《詩經》等典故勸說重耳離開，但重耳戀棧安逸生活，不為所動。姜氏就跟狐偃合謀，把重耳灌醉，用車子載他離開齊國。重耳醒後，拿起戈就要追擊狐偃。後來，重耳在秦穆公幫助下，繼承晉國君位。從晉

文公和姜氏的愛情故事來看，表面上晉文公既失「夫和而義」，姜氏也未能盡合「妻柔而正」的要求。

首先，齊姜可有做到「妻柔而正」的角色？

● 把蠶妾殺死（「姜氏殺之」），斬草除根，可見手段狠辣。

● 勉勵丈夫積極奮發（「行也，懷與安，實敗名」），重新振作起來，完成鴻圖偉業。

● 違反丈夫意願，合謀把他送走（「姜與子犯謀」）。

再看重耳是否做到「夫和而義」的角色？

● 在齊國享福（「公子安之」），貪圖逸樂。

● 不聽妻子規勸（「公子不可」），不思進取。

● 老羞成怒（「醒，以戈逐子犯」），不知悔改。

齊姜是一個外剛內柔的女性，雖然手段狠辣，做事斬釘截鐵，但她始終深愛着丈夫，寧願丈夫離開她，實現他的鴻圖偉業。從她處事的目的來看，她的方向是正確恰當的。至於重耳，他耽於逸樂，不聽忠言，既不合義；未能體會妻子善意，怒罵忠心部下，亦失其和。但他回國掌權後，飲水思源，沒有忘記和虧待姜氏，馬上派人到齊迎接她，封她為夫人。就這個點上，他的確做到了「夫義」。重耳後來能夠成為春秋五霸之一，最應該感謝的正是齊姜了。

有人說蘇軾《江城子》對妻子王氏所流露的感情，是一種「視死猶生」的永恆之愛。試就該詞的內容加以探討。

《江城子・乙卯正月二十日夜記夢》是蘇東坡一首曠絕古今的情詩，悼念逝世十年的妻子王弗，用情之深，令人感動。蘇軾十九歲時，與只有十六歲的王氏成婚。其後出蜀應考，在朝為官，夫妻琴瑟調和，甘苦與共。十年後王弗因病亡故，歸葬於家鄉祖墳。過了十年，當時蘇軾四十歲，來到密州，正月二十日，夢見王氏，於是寫了這首詞，距王弗之卒已經十年了。以下逐句分析蘇公在詞中對王氏流露的感情：

❶ 十年生死兩茫茫：死亡並非永訣

十年的生死永訣，在許多人眼中，甚麼夫妻情分，早已煙消雲散；只要兩腳一伸，一切已成為過去式。但蘇公並不一樣。他竟然說：「兩茫茫。」那是甚麼意思呢？茫茫，指無邊無際、模糊不清的前路。兩茫茫，即是大家一生一死，都走在杳遠和渺茫的道路上，沒有盡頭，沒有歸宿。換言之，夫妻雖生死相隔，卻同樣是獨自承受着痛苦的個體，一直有所知、有所感；不單為自己的孤獨而淒苦，也為對方的處境而難受。這種視死猶生的憐惜感情，沒有深深愛過的人怎會明白？

❷ 不思量，自難忘：沒有停止的思念

人死如燈滅。不去思量亡逝的妻子，實不為過。蘇公在妻子逝世十年間，一直飽受政敵攻擊，自顧不暇，席不暇暖。在俗務糾纏之際，自然也不暇思量妻子；然而，他對王氏仍自難忘記。其次，即使苦苦思量，亦於事無補，只好故意不去思量，免得難以自解。可惜，那不經意勾起的一絲絲回憶與思念，竟教人無法迴避，有着銷魂蝕骨之痛。這種無日無之，隨時偷襲而來的煎熬，只有李清照説的「才下眉頭，卻上心頭」差足比擬吧。

❸ 千里孤墳，無處話淒涼：遺在世上的孤獨者

有人説在古代父權高張的社會裏，女性居於附屬和陪襯的位置。而蘇公説的千里孤墳，山長路遠，心中淒涼，無處傾訴，卻賦予了妻子傾訴對象和並肩作戰者的角色。可見王氏並非居於可有可無的附庸角色，而是蘇公精神上一個重要支持者。只可惜，王氏一去，蘇公就成為徹徹底底的孤獨者了。

❹ 縱使相逢應不識，塵滿面，鬢如霜：變與不變的互相對比

上句「千里孤墳」，説的是空間的距離，這裏藉「塵滿面，鬢如霜」，説的是時間的隔閡。十年夫妻，相見不識，因為妻子早逝，從此她的妝容已封存在時間的冰窖裏，青春常駐，長生不老。而蘇軾在政治上屢受挫折，給

折磨得死去活來,「早生花髮」。通過兩個形象的對比,突顯了蘇公的落拓、無奈和失落。十年過去,只怕你再認不得我了,那是何等的挫敗和卑微!蘇公可以在政壇上「橫眉冷對千夫指」,但在思念妻子時卻像孩子般軟弱,渴望妻子的慰藉。

❺ 夜來幽夢忽還鄉。小軒窗,正梳妝:珍惜那旖旎的回憶

　　上片寫思念,下片點出夢境,這正是日有所思、夜有所夢吧。在那小室的窗前,既親切而又熟悉,妻子正在梳妝打扮,彷彿回到當年。那是既美好又旖旎的時光,令人不勝懷念。妻子亡逝,雖已十年,但一直惦記於蘇公心中,好像一個活生生的人,分在兩處,互相盼望。

❻ 相顧無言,惟有淚千行:沒有消失的情感交流

　　夢中相遇卻相對無言,只管淚如雨下;因為千言萬語,實不知從何說起。夫妻兩人,四目交投,蘊含着萬千情意。大家既然心意相通,情到濃時,也就無用多說;加上匆匆夢會,惟怕霎時驚醒,倒不如好好珍惜相聚的片刻。今人表達愛情,總是絮絮不休,但情味愈疏;蘇公在這裏輕輕一筆,卻是情真意切,盡得風流。

❼ 料得年年腸斷處,明月夜,短松岡:體會對方的痛苦

　　夢終歸是夢,並非真實。實情卻是亡妻遠在千里之外守住孤墳,等待郎歸。可惜年復一年,「過盡千帆皆不

是」，那種失望，直是難以形容。對蘇軾來説，夫妻是百年之約，死生與共。妻子雖死，總得每年拜祭，一訴衷情。但年年漂泊，無法落葉歸根，想像妻子在那「明月夜，短松岡」上，苦苦枯候，思之簡直是摧心裂肝。今人説苦，總是説自己如何如何的痛苦，而蘇軾的最大痛苦並非在自身，而是在體會妻子所承受的苦楚之上，儘管在我們眼中，王氏已經是長眠地下之人。

蘇軾在這首詞中，把長眠地下的妻子，視作仍然有感有知的枕邊人。兩人互相思念，同悲同喜，又互相體諒，互相理解。這一份愛，並不以生命結束為終點，而是永存於兩人心中。詞中一字一句，俱真情實感，如剝洋蔥，層層而下，越鑽越深，賺人熱淚。

仁民・愛物

中國人重情，先由一個民間故事説起。

一個店家晚上打烊後數錢，錢匣子裏總是多了一枚冥錢。當初他不以為意，後來接連發現，心裏着實涼了半截。平時做買賣所收的錢，他都從桌面的錢孔投到錢匣子裏。抽屜是鎖着的，那冥錢從何而來？店家問廟裏的道士，道士説：「你遇鬼了！鬼用的是掩眼法……」道士教他在錢匣子裏注水，冥錢遇水即浮……

第二天，店家把錢投進錢匣子時都咕咚一聲，然後下沉。直到黃昏，都沒有發現。打烊之際，一個女人行色匆匆，前來買餅。店家先前問過她住哪裏，女人説丈夫出了遠門，只她孤身一人，沒有奶水，兒子餓得哭個不停，只好買餅給兒子吃。當初店家很同情她，這時頓生懷疑。果然，他把錢投下，瞥見銅板竟然在水面載浮載沉。女子離開後，店家悄悄跟在後面，發現女子走路飄忽不定，快得像飛鳥一樣，走近一處墳頭就不見了。店家毛骨悚然，馬上跑去報官。

官府把墳中的棺木打開，發現裏面的死者身體已經開始腐爛。那是一個女子，一隻手擁着一個小孩，那小孩卻還活着。小孩看見陌生人竟不害怕，還抱着餅大口大口吃。後來圍觀的人多了起來，七嘴八舌説鬼母在棺中產子。小孩這才

害怕得哭了起來，他左顧右盼，像是要牽着母親衣袖，又像要爬到母親懷裏。追查後得知，死者原來是一個商人的妻子，路過此地時，難產而死。父親來到後抱着兒子大哭説：「孩子跟媽媽長得很像啊！」離別的晚上，父親讓孩子獨留在房間，只聽見小孩咿咿呀呀睡不安穩，又好像有人抱着他似的。第二天早上，看見小孩的衣襟濕了大半⋯⋯

兒子長大後，十分孝順，常常跑到曠野中思母嚎哭。這個母子情深的鬼故事，出自李清筆下，原文載於《虞初新志》。原來中國人寫的鬼故事，大都充滿着人世間的情意，跟西方不同。本來人死百了，但鬼母對於孩子仍然難以割捨；孩子也深以劬勞未報為憾。其實古人不僅對人民有情，對天地鬼神、對家鄉、對國家社會、對歷史文化、對一草一木，以至於萬物，都充滿着情意。這就是我們常説的：人間有情！

民胞物與

5.1.1 孔子曰:「……大道之行也,天下為公。選賢與能,講信修睦,故人不獨親其親,不獨子其子,使老有所終,壯有所用,幼有所長,矜寡孤獨廢疾者,皆有所養。男有分,女有歸。貨惡其棄於地也,不必藏於己;力惡其不出於身也,不必為己。是故謀閉而不興,盜竊亂賊而不作,故外戶而不閉,是謂大同。」

《禮記·禮運》

5.1.2 孟子曰:「君子之於物也,愛之而弗仁;於民也,仁之而弗親。親親而仁民,仁民而愛物。」

《孟子·盡心上》

語譯　孔子說：「……大道得以施行的時代，天下是人所共有的。選舉賢能做事，大家講誠信，講合作。於是每個人不獨親愛自己的父母，不獨愛護自己的子女，還使社會上的老年人得以安享天年，壯年人得以發揮所長，孩子得以健康成長。鰥寡孤獨的人，以至殘疾者，都能得到照顧。男子都有工作，女子都有歸宿。財貨資源不會荒廢地上，沒有人會壟斷利益；人人有力出力，卻不是為了自己。所以甚麼陰謀詭計，均無用武之地；那些搶劫、偷竊和作亂的事情也不會發生。因此，各家各戶都不用關閉門窗。這就叫做『大同』世界。」

說明　天下為公是古代的理想社會，人只有公心而沒有私心，講公利而不講私利。但現實上人性自私自利，那麼如何能達到「大同社會」？當中「選賢與能，講信修睦」兩句十分重要：「選賢與能」是制度的完善，「講信修睦」是教育的完善，這兩樣必須做好，人才會摒棄私心，共趨公利。

語譯　孟子說：「君子對於事物，愛惜它，卻不會拿仁愛去關懷它；對於百姓，拿仁愛加以照顧，卻不會親近體貼他們。君子必先親愛親人，才懂得仁愛百姓；仁愛百姓，才懂得愛惜萬物。」

說明　這句話講君子的仁愛之心由親及疏、由近及遠，漸次向外推展，直至無限廣大的宇宙萬物。人的愛心可以無所不包，但總得有一個培養和發軔的起點。

民胞物與

5.1.3　王笑曰：「是誠何心哉？我非愛其財，而易之以羊也，宜乎百姓之謂我愛也。」曰：「無傷也，是乃仁術也，見牛未見羊也。君子之於禽獸也，見其生，不忍見其死；聞其聲，不忍食其肉。是以君子遠庖廚也。」

《孟子‧梁惠王上》

5.1.4　不違農時，穀不可勝食也；數罟[促][古]不入洿[污]池，魚鱉不可勝食也；斧斤以時入山林，材木不可勝用也。穀與魚鱉不可勝食，材木不可勝用，是使民養生喪死無憾也。養生喪死無憾，王道之始也。

《孟子‧梁惠王上》

語譯　　齊宣王笑着說：「這究竟是一種甚麼想法呢？我的確不是吝惜錢財，才拿羊換掉牛的；這麼看來，老百姓說我吝嗇真是理所當然的了。」（孟子）說：「沒有關係，大王不忍殺牛之心，正是仁愛之道，道理就在於大王看到了牛卻沒有看到羊。君子對於飛禽走獸：看着牠活蹦活跳，便不忍心看牠死去；聽到牠哀鳴啾啾，便不忍心吃牠的肉。因此君子不會走近廚房。」

說明　　齊宣王遇上宰牛，不忍心看見牛發抖的樣子，於是叫人把牛換成羊。百姓得知，議論紛紛，說齊王吝嗇、小家子氣。孟子解釋齊王見牛未見羊，所以憐憫之心落在牛的身上。其實在暗示齊王倘能真實體會百姓疾苦，就不會苛待人民了。這段話也反映了古人對生命的認識，已不僅僅是狹隘的「人類生命」，並承認動物也有趨生畏死的本能，我們應該給予尊重。

語譯　　當收穫季節，不去徵兵徵工，妨礙生產，那糧食就會吃不盡了。不拿細密的魚網去池沼捕魚，那魚類也會吃不完了。每年按一定時間砍伐樹木，木材也會用不盡了。糧食和魚類吃不完，木材用不盡，這樣百姓就不會對生養死葬有甚麼不滿了。百姓對於生養死葬沒有甚麼不滿，這就是王道的開端了。

說明　　老百姓最關心生養死葬之事，只要生得溫飽，死得其所，自然安居樂業，構成了富足社會、強大國家的堅實基礎。故此，儒家講政治並非只談道德、唱高調，而不講經濟民生。這段文字特別重視休養生息，重視漁業、林業等的保育工作，其實也是藏富於民，強調經濟的可持續發展。

5.1

民胞物與

5.1.5 **正德、利用、厚生，惟和。**

《尚書‧大禹謨》

5.1.6 **唯天下至誠，為能盡其性；能盡其性，則能盡人之性；能盡人之性，則能盡物之性；能盡物之性，則可以贊天地之化育；可以贊天地之化育，則可以與天地參矣。**

《中庸‧二十三章》

語譯　當人與萬物的德性都能充分表現，一切資源就能妥善運用，而人們的生活也變得富足、充裕；於是自然萬物一片和諧美好。

說明　這句話出自《尚書》的記載，據說是夏朝開國君主大禹的言論。當時大禹跟帝舜聊施政心得，受到舜的讚賞。施政者先要正德，弄清楚自己與人民、社稷以至萬事萬物的關係；繼而善於利用資源，興利除弊，使人盡其才、地盡其利、物盡其用；再而讓人、事、物均能協調和諧，蓬勃發展，人民也得以豐衣足食。

語譯　只有天下最真誠的人，才能呈現真實的本性；能充分發揮他的本性，就能誘發眾人的本性；能充分發展眾人的本性，就能激發萬物的本性；能暢發萬物的本性，就可以協助天地滋育生命；能幫助天地滋育生命，人的力量就可以與天地並列為三了。

說明　上天賦予我們良善的本性，但這個本性平時被欲望、習染蒙蔽了。只有至誠的人，才能去掉貪欲、習染和虛偽，呈現仁義禮智的本能。這個仁愛之心一旦發動，可以無所不包，遍及萬物，也可以成己成人，影響他人，貢獻社會。

人的力量，本來是微不足道的。不過，《周易》有一句話：「地勢坤，君子以厚德載物。」（《周易·象傳》）甚麼是「厚德載物」？那是說人雖然渺小，但要學習大地的寬厚，能夠包容萬物（包括人、動物，以至於一草一木等），成為一個君子。那麼，君子胸中容納和關懷的事物可不少哩！

可惜，凡夫俗子卻差太遠了。他們的心胸有時很狹隘，狹隘得容不下別人一句無意冒犯的話。一言不合，可大打出手。然而，為甚麼那些仁人君子的胸襟懷抱，竟然寬可撐船？宋代張載《西銘》說：「民吾同胞，物吾與也。」天下所有的人，都要親如兄弟；世上萬物，都跟我們息息相關。這是一句多麼充滿氣魄的話。古人相信，人和萬物均是天地所生，故此天和人本是一體的。天、地、人之間必須互相協調配合，這個世界才會圓滿。人倘若能夠做到順應天道、關心別人、愛護萬物，就是「贊天地之化育」，達到「與天地參」的境界。人在天地之間是微不足道的，但人的關愛，上應天心，於是成為了世間最強大的力量。天無私覆，地無私載，人無私愛，都是無私地獻出力量，分別把陽光、流水與關懷，給予大地上的眾生，讓世間保持欣欣向榮。

有人會問：「人是甚麼東西？他有多大的本領？竟然妄想要跟天地比高，與日月同光？」這當然不是。只是人覺得自己既生存於天地之間，就應該關懷愛護世間的一切。《孟子‧盡心上》有這樣一句話：「親親而仁民，仁民而愛物。」(5.1.2) 我們在家庭中成長，自然會親愛自己的親人；當你懂得愛你的家人，就會仁厚地對待別人的家人，以至所有人；再推而廣之，愛護天地萬物。由己及人，由人及物，那是一連串「愛」的擴充，也就是「民胞物與」的仁愛精神。

先講「民吾同胞」。《論語‧學而》說的「汎愛眾，而親仁」，《論語‧顏淵》說的「四海之內，皆兄弟也」，都是教我們把對親人的愛，推展到普遍的人身上。仁愛必須無私，無私方能博大，博大始能協和人人。《禮記‧禮運》描述的「大同社會」：「故人不獨親其親，不獨子其子」(5.1.1)，正是這種大愛的表現。可惜，今天一般人只能做到「各親其親，各子其子，貨力為己」，這當然距離理想很遠。古人歌頌了夏禹、商湯、周文王、周武王、周公等偉人，說他們做好了王者的榜樣，仁愛謙讓，教民禮義，讓人民懂得和睦共處，造就了小康社會。換言之，在人各自私的社會裏，單憑小部分人民的樂助他人，要達到「老者安之，朋友信之，少者懷之」（《論語‧公冶長》）的盛世氣象，那是談何容易的事情。沒有在上位者的苦心經營，沒有禮義法理的陶養，人與人之間豈

能相親相愛？故此，孔子周遊列國，孟子遊說諸侯，目的都是要獲得政治上的影響力，推動仁政德治，實現「愛民」的理想。

再講「物吾與也」。《孟子·盡心上》說：「君子之於物也，愛之而弗仁；於民也，仁之而弗親。」(5.1.2) 孟子主張愛有等差，他用「親」「仁」「愛」這三種不同方式的「愛」，來呈現出君子對待親人、眾人和萬物的不同態度。「親」是一種十分密切的愛，儘管你會愛世上任何一個人，但應該不會都到達偎乾就濕、嚥苦吐甘的「親愛」關係吧，否則對方一定吃不消了。同樣，你會用仁愛的心去對待其他人，但總不能用對待人的同理心去對待禽畜。修養如孔子，得知馬廄着火了，他第一時間問的是有沒有人受傷，卻沒有過問馬匹。他並非不關心動物，而是認為人的生命更加重要。又如「聞其聲不忍食其肉」「恩足以及禽獸」的君子，一旦遠離庖廚，看見大魚大肉的美食，總會大快朵頤。故此，有人認為孟子主張「斧斤以時入山林」，並非愛惜自然，而是維護貴族的權益，這當然不符事實。今天大家不是經常強調生態系統的平衡，和資源可持續利用的原則嗎？所謂「苟得其養，無物不長；苟失其養，無物不消」，孟子藉「時禁」「養

「護」來保證資源的合理運用，這才是真正的愛物情操。或者有人會說：人類向大自然予取予求，會不會太過功利？我們看看《尚書‧大禹謨》怎樣説：「正德、利用、厚生，惟和。」(5.1.5)一個人心態端正，才懂得無私地善用資源，來達到人們生活富足的目的。《周易‧繫辭上》也説：「夫易，開物成務。」我們認識萬物的道理，就是讓人與事物各得其宜。只要人與自然能夠和諧共處，即可兩得其利。誰利用了誰，又何必計較呢？何況古人對於自然，從來都是充滿着敬佩景仰之情。孔子説：「天何言哉？四時行焉，百物生焉，天何言哉？」(《論語‧陽貨》)四季運行，百物生長，生生不息，給我們無盡的啟發。可以説，人與自然、人與萬物的關係，既是彼此依存，也是息息相關的。

總之，仁者具備「民胞物與」的襟懷，既要成人，也要成物，同時也在成己。

想一想

具備「民胞物與」的襟懷，讓人變得偉大，你能舉出例子加以說明嗎？

畏天知命

5.2.1

天視自我民視，天聽自我民聽；百姓有過，在予一人，今朕必往。

《尚書·泰誓中》

5.2.2

子曰：「不知命，無以為君子也。不知禮，無以立也。不知言，無以知人也。」

《論語·堯曰》

5.2.3

子曰：「富而可求也，雖執鞭之士，吾亦為之；如不可求，從吾所好。」

《論語·述而》

語譯 上天所看到的來自於老百姓所看到的，上天所聽到的來自於老百姓所聽到的。老百姓責怪抱怨，都在我一人身上，我如今一定要前往討伐商紂了。

說明 《泰誓》記載的是周武王伐紂時的誓言。這句話透露出天命與民心的統一。為民請命，天與人歸，成為武王伐紂的合理依據。

語譯 孔子說：「不懂得天命所在，就不能成為君子；不懂得禮制規範，就無法立於天地之間；不懂得分辨言論，就不能正確了解人。」

說明 人往往活在錯誤的判斷當中，把生活弄得一團糟。我們對於個人運命、生活規範和身邊的人，都必須要有充分的了解，才不會誤讀誤判。故此，天命、禮制、言語的正確解讀，顯得至為重要。

語譯 孔子說：「財富如果可求而得，哪怕為人趕車，我也幹；如果不能，則隨我所好。」

說明 語氣上，孔子已流露出富貴不可求的含意。黃毛小子才會每天發白日夢，想不勞而獲，一朝富貴。反之，一個人閱歷多了，成熟了，已經可以了解到自己事業上的極限。既然這樣，我們何不做好自己能力所及的事情，實現一些於己有益、予人有利的目標和理想。

5.2.4 　孟子曰：「盡其心者，知其性也。知
其性，則知天矣。存其心，養其性，
所以事天也。殀[妖]壽不貳，修身以俟[自]
之，所以立命也。」

《孟子‧盡心上》

5.2.5 　故當不義，則子不可以不爭於父，臣
不可以不爭於君；故當不義，則爭
之。從父之令，又焉得為孝乎！

《孝經》

語譯　孟子說：「能夠擴張良善的本心，就能知道自己的本性；能夠知道自己的本性，就可以知道天命。保存自己的本心，培養自己的本性，這就是對待天命的方法。生命長短也好，都不可以三心兩意，只管修養自己，等待天命到來，這就是安身立命的方法。」

說明　天命難以測度，也難以掌握，我們何不積極地做好本分，靜待時機到來。正如《周易・繫辭下》說的「君子藏器於身，待時而動」，君子修德以靜待時機，這是以靜制動的方法。否則有一天天命真的到來，你卻毫無準備，就只會白白浪費機會。

語譯　遇到父親或君上有不義的行為，為人子者不可以不對父親提出諫言，為人臣下也不可以不對君上提出諫言。所以說見到了不義的事情，就要加以勸諫。如果只聽從父親命令，怎麼可以稱為盡孝呢！

說明　孝是天命，化為人性，但行孝的處境自有天命安排，並非操縱在一己手上。若果父母不義，逼你為非作歹，你也盡孝服從嗎？你必定不能答應，反而要盡力勸導他們，這是你該選擇的「義」。若你能妥善應對這個處境，例如不盲從愚孝，能據理力爭，行義所當為之事，這就是真正懂得天命所在。人的生活雖由命運擺佈，但你仍然可以選擇應對的方式。

5.2.6 莊子之楚，見空髑髏，髐然有形，撽[擊]以馬捶[獨][敲]，因而問之曰：「夫子貪生失理，而為此乎？將子有亡國之事，斧鉞之誅[月]，而為此乎？將子有不善之行，愧遺父母妻子之醜，而為此乎？將子有凍餒之患[女]，而為此乎？將子之春秋故及此乎？」於是語卒，援髑髏枕而臥。夜半，髑髏見夢曰：「子之談者似辯士。視子所言，皆生人之累也，死則無此矣。子欲聞死之說乎？」莊子曰：「然。」髑髏曰：「死，無君於上，無臣於下，亦無四時之事，從然以天地為春秋，雖南面王樂，不能過也。」莊子不信，曰：「吾使司命復生子形，為子骨肉肌膚，反子父母妻子、閭里[雷]、知識，子欲之乎？」髑髏深矉蹙頞[頻][速][壓]曰：「吾安能棄南面王樂而復為人間之勞乎？」

《莊子・至樂》

語譯　莊子要去楚國，路上看見一個空骷髏，乾枯中還保持着形狀。莊子用馬鞭敲打它，就問：「你是因為貪圖享樂，不知調理，於是落得這個下場呢？抑或因為亡國禍亂，被刀斧砍成這個樣子呢？或者是因為壞事做盡，恐怕父母妻兒蒙羞，才愧而自殺？又或是飢寒受迫，而弄到這般田地？難道是你的壽數，只能活到現在呢？」話說完了，莊子就枕着骷髏睡覺。到了半夜，骷髏託夢給莊子，說：「你的言談很像辯士，你所說的都是活人的累贅，死了，就沒有這些麻煩了。你想聽聽關於死亡的一切嗎？」莊子說：「好的。」骷髏說：「死後，在上沒有君主，在下沒有臣僕，也沒有一年四季的工作，從容自在地與天地共存。即便南面稱王的快樂，也不能相提並論啊。」莊子不信，說：「我叫掌管天命之神，讓你的形體復活，給你骨肉肌膚重生，讓你回到你的父母妻兒、鄉親朋友身邊，你願意嗎？」骷髏眉骨深鎖，鼻樑一皺，說：「我豈能放棄南面稱王的快樂，再回去人間受苦呢？」

說明　莊子認為承受着命運的播弄，是人生的最大苦惱。

莊子妻子死了，惠子前往弔慰。只見莊子懶洋洋地分開雙腿坐在地上，一邊敲着瓦缶，一邊唱歌。惠子説：「你跟妻子生活了一輩子，生兒育女直至老死。人死了不傷心痛哭也就算了，還敲着瓦缶唱着歌，不是太過分了吧！」莊子説：「非也。她剛死時，我怎麼能不感慨傷心！後來想到她原本就沒有生命，不但沒有生命，連形體也沒有，後來幾經變化才有了生命。如今不過又回到死亡，這跟春夏秋冬四季運行的規律沒有兩樣。死去的人既安穩地寢臥於天地之間，我卻圍着她哭哭啼啼，這完全是不通曉天命的表現，所以就不再哭了。」

這個故事，出自《莊子‧至樂》篇。莊子通過亦莊亦諧的筆觸，點出了命運與人生的關係。所謂「死生，命也」，人的生死壽夭，完全掌握在命運之神手上，「閻王説要三更死，不得留人到五更」。生命既是這樣無可奈何，所以莊子教我們要「安命」「安排」（安於造物者的編排），對命運採取安時處順的態度。只有這樣，才能放下煩惱，取得人生的最大快樂（至樂）。

說到命運和人生際遇，有所謂「一命、二運、三風水，四積陰德，五讀書」的説法。人的吉凶禍福，似乎都被命運、鬼神的無

形之手操縱着，個人所作努力（如讀書學習），被排擠到最微末的位置。然則，居首位的「命」，指的是甚麼？

「命」，本來指「天命」，即老天爺的命令。老天爺主宰人間一切，祂有喜怒哀樂，既會賞善，也會罰惡。中國人自古就信天為神。商周時代，出現了「君權天授」的信仰，帝王「受命於天」，號稱「天子」（意即上天的兒子），「天命」成為帝王君臨天下的合理依據。到了孔子時代，天命與人的關係已不僅僅局限於帝王和貴族身上，天命的授予對象已遍及於所有人。人的死生壽夭、吉凶禍福，以至窮通得失，冥冥中自有運命（天命）的安排，並非個人能力所能控制。孔子弟子子夏就說過：「死生有命，富貴在天！」（《論語・顏淵》）孔子也說：「不知命，無以為君子也。」（《論語・堯曰》）天命無所不在，所以要知命。知命，從運命的角度來看，就是懂得死生富貴都有命限和命定，不能強求；但從自身的角度來看，須懂得自己在艱難的考驗當中，應該如何作出應對。

孔子晚年自述學道的歷程：「吾十有五，而志於學；三十而立，四十而不惑，五十而知天命，六十而耳順，七十而從心所欲不逾矩。」（《論語・為政》）這是他畢生學習的精華所在。孔子到了十五歲的青年階段，開始確立學習方向；再花十五年時間，總算學習有得；四十歲，面對世情和貪欲，都能堅定地把持住；五十歲，理解到個人運命的限度，並在這個基礎上知道畢生

的追求目標;六十歲,無論聽到甚麼,都能明白接受,心裏一片坦然;七十歲,做任何事情皆隨心所欲,又不失法度。大抵五十歲以前,人經歷了少、青、壯三個階段,先後面對着情緒、欲望以至成就感的困擾,那都是品德修養的自我完善階段;到了知命之年,人開始進入中年,生命的格局和規模已經底定了,即使面對種種劫難和橫逆,自己也懂得行於其所當行,止於不可不止。

正因為這樣,孔子説:「君子有三畏:畏天命,畏大人,畏聖人之言。小人不知天命而不畏也,狎大人,侮聖人之言。」天命、大人和聖人,為甚麼讓我們敬畏?因為三者都給我們正確的人生指示,我們必須用敬慎的態度來面對。小人剛好相反,他態度輕浮,不會明白天命給人品格上的考驗,也不會懂得天命的無所逃避。見到大人,就奉承賣乖;聖人的教誨也聽不入耳,並大肆攻擊。故《中庸》説:「君子素其位而行,不願乎其外……上不怨天,下不尤人。故君子居易以俟命,小人行險以徼幸。」君子行事坦然,不作非分的貪求,只管做好自己本分,故能心安理得,樂天知命。小人則不信天,不認命,冒險強求,即使作奸犯科,也在所不惜,結果沒有好下場。

　　孔子再進一步指出：「富而可求也，雖執鞭之士，吾亦為之；如不可求，從吾所好。」(5.2.3) 孔子說出這句話，並非打算強求富貴。剛好相反，他已經知道天命所在，富貴不可得，其他政治上的追求也不可得。既然如此，何不做一些自己喜歡，又義所應為的事情？例如教導學生、整理文獻、傳揚學術、推廣仁愛等。天命固然給我們種種限制，讓我們當不了宰相，當不了億萬富翁，即使再花力氣也是徒然；但在我們能力範圍內，仍然有寬廣無際的拓展空間，視乎你是否願意作出努力罷了。

　　孔子和莊子都教我們採取「順應」的態度去應對天命。莊子主張「安命」，即安時處順，故哀樂不能入。孔子則教我們「知命」，一方面順受其正，理解個人運命的限制，並視之為對人生的考驗；另一方面在可能的範圍內，選擇積極面對的方式，堅持個人理想，不斷作出努力。

想一想

年紀愈大，人愈能體會自己運命的限度所在，因為你的學歷、履歷、經歷、閱歷⋯⋯都大致穩定下來了。反過來說，當大家還年輕時，是否能為自己創造更多的機會？你有甚麼可行的計劃，藉此改變自己的命運？

安土重遷

5.3.1　昔我往矣，楊柳依依；今我來思，雨雪霏霏。行道遲遲，載渴載飢。我心傷悲，莫知我哀！

《詩經·小雅·采薇》

5.3.2　陟彼岵兮^[即]，瞻望父兮^[互]。父曰：「嗟！予子行役，夙夜無已^[叔]。上慎旃哉，猶來無止^[煎]。」

《詩經·魏風·陟岵》

5.3.3　子曰：「君子懷德，小人懷土；君子懷刑，小人懷惠。」

《論語·里仁》

語譯　回想當初從軍時，楊柳依人隨風起；如今回來路途上，大雪紛紛滿天飛。慢步在故鄉土地，口中又渴肚中飢。心傷離別多年後，有誰知我心中悲。

說明　這是一首戍卒返鄉詩。詩句中包含着悲喜交集的心情。兵士服役歸來，回家路上，思前想後，回想昔日楊柳依人，眼前雨雪紛飛，不禁思緒紛繁，百感交集。

語譯　登上草木繁茂高山上，望向老父所在的故鄉。彷彿聽到父親說：「唉呀！苦命孩兒要打仗，晝夜操勞服役長；還是保重身體吧，早日回來不要漂泊他鄉。」

說明　這是一首征人思親之作。征人設想親人思念自己，以表達深切的思鄉之情。

語譯　孔子說：「君子心懷仁德，小人心懷家鄉；君子心懷法制，小人心懷實利。」

說明　孔子就是知道一般人心懷狹隘的鄉土觀念。鄉里之間彼此有着共同利益，生活也有着相對的穩定性。但這種地域觀念，對國家的整體發展帶來妨礙，故孔子更強調打破一切畛域的道德與法制。

5.3.4　子路問強。子曰：「南方之強與？北方之強與？抑而強與？寬柔以教，不報無道，南方之強也，君子居之。衽[任]金革，死而不厭，北方之強也，而強者居之。故君子和而不流，強哉矯！中立而不倚，強哉矯！國有道，不變塞焉，強哉矯！國無道，至死不變，強哉矯！」

《中庸·十章》

5.3.5　亂曰：曼余目以流觀兮，冀壹反之何時。鳥飛反故鄉兮，狐死必首丘。信非吾罪而棄逐兮，何日夜而忘之！

《楚辭·九章·哀郢》

語譯　　子路問孔子怎樣才是強。孔子說：「南方人的強呢？還是北方人的強呢？還是你自己認為的強呢？用寬容的態度與人相處，人家對我蠻橫無禮也不反抗，這是南方人的強，有點像君子的處事態度。用兵戈甲盾當枕席，視死如歸，毫不後悔，這是北方人的強，有點強者勇士的處事態度。只有真正品德高尚的君子，才能謙和恭順，又不失個人原則，這才是真強啊！保持中立而不偏不倚，這才是真強啊！國家政治清平時，不變初衷，這才是真強啊！國家政治昏暗時，堅持操守，寧死不變，這才是真強啊！」

說明　　孔子了解到不同地域的人有不同特性，各有所長，也各有所偏。只有重視修養的君子，能捨短取長，符合「中立而不倚」的中庸之道。

語譯　　末章說：我極目四下觀望，希望有一天返回郢都一趟。鳥兒高飛終要返回舊巢，狐狸死時頭向狐穴那方。確實不是我的罪過卻遭流放，日思夜想故國何時可忘！

說明　　據說狐狸將死，必先擺正頭的方向，讓頭朝着狐穴所在，這叫做「正丘首」。古人以「正丘首」表示不忘本。屈原不能容身於國，但一片丹心，仍然心繫國家。

「床前明月光，疑是地上霜。

舉頭望明月，低頭思故鄉。」（李白《靜夜思》）

據說李白那一年在揚州旅舍，離鄉背井，夜不能寐，矇矓間看見牀前地上，一片銀白，還以為是一層薄薄寒霜；抬頭一望，只見一輪明月近人，隨即悵然垂首，思念那遙遠的故鄉。由俯視而抬頭，由抬頭而低首，一連串三個動作，相差不過分秒之間，但那一湧而至的鄉愁，卻教人低頭不語，無法承受。不獨是李白，古往今來，多少中國人，對於自己長大的那片土地，總有着揮之不去的鄉愁。

傳統文化中，有一種思鄉戀土情結，稱之為「安土重遷」。人們都安於鄉土，不願遷移。三千多年前，商朝雄主盤庚，打算遷都於殷，可惜臣民眷戀舊地，「不欲徙」。最後還是盤庚恩威並施，方能遷入新都，另建樂土。多少年後，先後有商朝和周朝臣子，路過各自故都，看見禾黍離離、麥秀漸漸，不勝依戀，頓生「黍離麥秀」之感。戰國期間，屈原在郢都淪陷後，徘徊失道，寫出了「鳥飛反故鄉兮，狐死必首丘」(5.3.5)的詩句。候鳥年年遷徙，最後回到故鄉；狐狸死時，頭一定向着狐穴所在的方向。禽獸尚且如此，屈原「哀故都之日遠」，更是情何以堪！

記得唐朝楊炯《和劉長史答十九兄》，有「鍾儀琴未奏，蘇武節猶新」詩句。說的是楚國樂官鍾儀，成了晉國俘虜後，依然衣冠不改，始終未忘故國，晉侯深受感動，把他放還。還有漢朝中郎將蘇武，出使匈奴，羈留漠北，寧願在北海牧羊，也不肯屈節投降，最後終能如願回國。為甚麼他們這樣想家？因為大家都不願「離鄉背井」。據說以前中國人愛飲井水，井水飲處，已成了鄉土的一種印記或圖騰。遊子漂泊他鄉，老大仍要回家，飲家鄉的井水。儘管「近鄉情更怯，不敢問來人」（宋之問《渡漢江》），或者「兒童相見不相識，笑問客從何處來」（賀知章《回鄉偶書》），自己已經變成陌生人了，但歸家之念依然未變。即使客死異鄉，也要穿州過省，抬棺歸葬，不願做遊魂野鬼。這些複雜的感情，叫做「落葉歸根」。而「落葉歸根」這個成語，竟是典出唐代禪宗六祖慧能。慧能是出家人，修煉已臻六根清靜，但在坐化之前，仍要求弟子備船，返回家鄉新州省視，終在國恩寺圓寂。可見千百年來，「安土重遷」已成為中國人一種普遍的社會心態，並凝固為難以一時改變的共同基因。

故此，中國人有着強烈的籍貫觀念，講省籍，論郡望，一朝顯貴，就要光宗耀祖、衣錦還鄉。從前入學、入職，申請表上必有「籍貫」一欄。不同省籍，地望不同，人的性格也不同，以至形成族群差異。舉例來說，有人認為福建移民有山地性格，排外性較強；山東移民屬平原性格，包容性更大。又有人說湖南人剛烈、湖北人靈活、

廣東人機巧；再如北京人懂做官，上海人懂買賣等。也許那是歷史和人文地理因素所產生的結果吧。聖人孔子，觀察入微，不是也認同「南方之強」和「北方之強」的分野嗎？然而，孔子又說：「君子懷德，小人懷土。」(5.3.3) 小人戀棧的是自家土地上的家當，但君子卻把眼光放在超越地域界限的道德和事業。由此可見，孔子的眼光，遠大多了。

那麼，是甚麼原因讓中國人形成「安土重遷」的性格？原來古代中國是農耕社會，傳統家庭對於土地有着極大的依賴性。人們絕大部分的生活資源，直接來自土地。所謂男耕女織，土地是人的根，也是家庭的根，土地和人形成了不可分割的血肉聯繫。加上古代統治者也刻意安排，把土地和農民緊緊捆綁在一起，戶籍制度尤其嚴格得驚人。所謂「明君制民之產，必使仰足以事父母，俯足以畜妻子，樂歲終身飽，凶年免於死亡」，父子相繼，世代相承，守望相助，雞犬相聞，這固然是良好的意願。於是老百姓日出而作，日入而息，聚族而居，鳴琴而治，大家各守一土，安居樂業，也就成了最有效的管治辦法。從此，老百姓就這樣與腳下的土地廝守了一代又一代，生於斯，長於斯，也終老於斯。

人不但在熟悉的土地上長大，而且還在熟人中長大，有血緣也有地緣，也凝成了「人緣」。大家總覺得「在家千日好，出門半朝難」「物離鄉貴，人離鄉賤」，在家鄉講一句話也中氣十足，出門就畏首畏尾。漸而大家寧可「死徙無出鄉」，慢慢形成了濃厚的鄉土觀念，鄉里、鄉俗、鄉音、鄉情、鄉愁等，成為一根始終無法剪斷的臍帶。

總之，安土重遷的生活方式，重家庭、重孝道、重祭祀、重傳統，形成了一種趨於守成的文化情緒。大家都珍惜傳統經驗和前人的智慧，可惜創造力往往被扼殺於萌芽階段。時至今日，社會觀念恰恰相反，講求速度，崇尚變動，安土觀念日益淡化，已是大勢所趨了。但樂享自然、重視天倫、守望相助、敦厚淳樸的鄉土情懷，是否就棄之如敝屣？不忘本、重孝悌、愛自然，這些價值應該還是深深地植根在大地上吧？當我們讀到「昔我往矣，楊柳依依；今我來思，雨雪霏霏」這些感人詩句，我們的意識深處，依然會迴盪着昔日大地上的璀璨生活片斷。

想一想 在這個強調「全球化」的世代裏，鄉土情懷是否仍然值得提倡？試談談你的看法。

家國天下

5.4.1　克明俊德，以親九族；九族既睦，平章百姓；百姓昭明，協和萬邦；黎民於變時雍。

《尚書·堯典》

5.4.2　老吾老，以及人之老；幼吾幼，以及人之幼。天下可運於掌。

《孟子·梁惠王上》

5.4.3　梁惠王曰：「寡人願安承教。」孟子對曰：「殺人以梃[挺]與刃，有以異乎？」曰：「無以異也。」「以刃與政，有以異乎？」曰：「無以異也。」曰：「庖有肥肉，廄有肥馬，民有飢色，野有餓莩[呼]，此率獸而食人也。獸相食，且人惡之。為民父母，行政不免於率獸而食人。惡在其為民父母也？」

《孟子·梁惠王上》

語譯　（堯）能發揚內在的美德，使家族親密和睦。家族和睦以後，又辨明其他各族的政事。眾族的政事辨明了，又協調萬邦諸侯，天下眾民也因此受到感召，變得友好和睦起來。

說明　據說堯將權位禪讓給舜之後，寫成《堯典》，從中可以看見堯的功德和言行。這段文字提出「克明俊德」的思想，強調從政者修身立德，從而對家庭、國家以至天下萬民，都產生了影響力。

語譯　尊敬自己的長輩，從而尊敬別人的長輩；愛護自己的孩子，從而愛護別人的孩子，（能夠這樣存心）天下事就可以運轉在手掌上了。

說明　執政者等於為民之父母，他的職責是愛護和教養百姓，視百姓有如自己的子弟。能夠這樣，自然得到百姓擁護；能有這樣的基礎，平治天下又有何難？

語譯　梁惠王對孟子說：「我樂意接受你的指教。」孟子說：「拿木棍殺人與用刀殺人，有甚麼分別？」梁惠王說：「沒有甚麼分別。」孟子說：「拿刀子殺死人，與暴政害死人，有沒有分別呢？」梁惠王說：「也沒有甚麼分別。」孟子說：「現在你的廚房裏有肥肉，馬房裏有肥馬；但老百姓面有飢色，野外躺滿餓死的屍體，這等於率領禽獸來吃人呀！禽獸自相殘殺，人尚且要憎惡；為民父母的執政者，施政有如率獸吃人，這哪裏還像人民的父母呢？」

說明　孟子這番話，是對執政者的當頭棒喝。

5.4.4 及滑，鄭商人弦高，將市於周，遇
之。以乘韋先，牛十二，犒師，曰：
「寡君聞吾子，將步師出於敝邑，敢
犒從者；不腆敝邑，為從者之淹，居
則具一日之積，行則備一夕之衛。」
且使遽告于鄭。

《左傳·僖公三十三年》

5.4.5 子張問：「十世可知也？」子曰：「殷
因於夏禮，所損益，可知也；周因於
殷禮，所損益，可知也；其或繼周
者，雖百世可知也。」

《論語·為政》

語譯　到了滑國，鄭國商人弦高，將要到周天子都城做生意，剛好遇上秦軍。他先拿四張熟牛皮，另加十二頭牛犒賞秦軍，說：「我們國君聽說你大軍經過我們邊境，派我來慰勞你的部下；我們國家雖不富有，但你們停留一天，就替你們準備一天的糧米，要走，就準備好那一夜的保衞工作。」另一邊廂，馬上派人飛快向鄭國報告。

說明　「弦高犒師」是一個廣為流傳的愛國故事。公元前628年，秦軍乘鄭國國喪偷襲鄭國。路上碰到鄭國商人弦高，弦高不慌不忙，假稱國君派他帶着十二頭牛來犒賞秦軍，又派人馬上回國報告。秦軍主帥一聽，以為鄭國早有準備，被迫放棄了偷襲計劃。弦高一介商人，卻忠於國家，一點也不孜孜為利，誠屬難得。

語譯　子張問：「十代以後的禮儀制度、道德規範可以知道嗎？」孔子說：「商朝繼承夏朝的禮儀制度，改動了多少，可以知道；周朝繼承商朝的禮儀制度，改動了多少，也可以知道；以後的朝代繼承周朝，即使百代，同樣可以推知。」

說明　歷代制度規範有所損益，是隨着時代改變，作出修訂，因時制宜，但背後那個思想精髓和文化底蘊，是始終不變的。

5.4.6　子畏於匡。曰：「文王既沒，文不在茲乎？天之將喪斯文也，後死者不得與於斯文也；天之未喪斯文也，匡人其如予何？」

《論語·子罕》

5.4.7　何言乎王正月？大一統也。

《春秋公羊傳·隱公元年》

| 語譯 | 孔子在匡地被困。他說：「文王死了後，文化遺產不都由我繼承了嗎？老天若要滅絕文化，我就不會掌握這些文化了；老天若不滅絕文化，匡人能把我怎樣？」 |

| 說明 | 孔子以華夏文化的傳承者自居，可見他有超越時代的眼光和自信。從整個中國歷史的發展來看，結果的確如此。 |

| 語譯 | 為甚麼王者要制訂曆法，並以正月為歲首？那是推崇天下一統的做法。 |

| 說明 | 《詩經‧小雅‧北山》有「溥天之下，莫非王土，率土之濱，莫非王臣」詩句，可見古人很早已有超越國土的「天下」觀念。一些王者，更有「王天下」的野心。至於怎樣達到染指天下？制訂曆法，向外推廣，是一種拓展文化的方式；秦始皇推行書同文，車同軌，是一種向外侵略的方式。 |

古人修己愛人，對家有情，對國有情，對天下有情，對民族的歷史文化也充滿着感情。

《尚書·堯典》說：「克明俊德，以親九族；九族既睦，平章百姓；百姓昭明，協和萬邦。」(5.4.1) 君子修德（修身），目的是維繫親族（齊家），繼而管理眾員（治國），再而團結萬邦（平天下）。這是個人對能力和德望的追求，也是個人對理想社會的渴求。這種以個人（己）為中心，而擴展到家、國、天下的發展方式，有點類似墨汁濺到水盤當中，引起一輪又一輪漣漪，由中心點向外慢慢散開。中間着色最深的部分是修己，然後第一圈是齊家，第二圈是治國，最淺色的一圈是平天下。深色代表用力最深的地方，至於較淺色的外圍，則代表較遙遠的理想。從另一個角度看，這是否意味着一個人的角色定位，首要在家庭，然後他的社會角色、國民身分等，就越來越淡薄了？於是，有人認為中國人的特性，是只知有家而不知有國，只知有君上而不知有社稷，因此家族利益和輩分關係影響了他的一切決定。

孟子指出人們常把「天下國家」連在一起來說，因為「天下之本在國，國之本在家」（《孟子‧離婁上》）。那麼，中國人為甚麼特別重視家庭？孔子說：「弟子入則孝，出則弟，謹而信，汎愛眾，而親仁。」（《論語‧學而》）學習修養先要從家庭的孝悌入手，因為在進入社會之前，家庭的圈子就是一個人歷練的處境。一個人不孝順父母，不友愛弟妹，不尊敬長輩，既不知自愛，也不知愛人，這個人的根基本來就壞了。即使能力很高，一旦大權在握，他的誠信能不令人憂心嗎？

但中國人把「國家」並稱，始終後家而先國，因為無國何以有家？家的榮耀也體現於國。中學課文有劉蓉《習慣說》，記述父親發現他「室有窪徑尺」，竟習以為常，於是輕責兒子「一室之不治，何以天下國家為」。可見家庭教育往往是面向國家社會的。又《岳飛之少年時代》寫父親知道岳飛不忘師恩，感到欣慰，於是問他：「使汝異日得為時用，其殉國死義乎？」岳飛回答：「惟大人許兒以身報國家，何事不可為！」這事說明了敬師愛親，就要造福社會，做一個愛國的人。再如弦高犒師、祖逖北伐、文天祥抗元的故事，千古樂道；他們的義舉，立足點都在國家人民，而不是個人和家族的利益。至於林則徐「苟利國家生死以，豈因禍福避趨之」（《赴戍登程口占示家人‧其二》）的豪語，就說得更明白不過了。

古人不單愛「生於斯，長於斯」的家國，也心懷天下。對於一些統治者來說，開疆闢土，君臨天下，往往源自於貪欲和野心。他會不惜付出任何代價，包括財富、土地、生命等，不達到目的，誓不罷休。仁者和君子卻不是這樣。他們希望協助明君推行仁政，關懷人民，建設社會，加強國家的凝聚力，最後達到「王天下」的目的。《孟子·梁惠王上》說：「老吾老，以及人之老；幼吾幼，以及人之幼。天下可運於掌。」(5.4.2) 這就是人心所向，老百姓為了安身立命，自然會作出合適的選擇。可惜的是，在古代要實現「王天下」的政治理想，必須有一位能「以天下為一家」(《禮記·禮運》) 的明君參與其中，但孔子、孟子都沒有遇上。

明末清初的大儒顧炎武，深感亡國之痛，他在《日知錄》指出：「有亡國，有亡天下。」朝代興亡，僅是亡國；人民離散，文化失墜，就是亡天下。也就是說，亡天下即民族和文化都消失於天地之間，再沒有承傳下去的活力。自商周以來，多少雄才偉略的君主，他們勵精圖治，創建制度，孕育了中華文化。戰國時代，諸子並興，學說紛呈；以至漢唐明清，學術鼎盛，人才輩出，把中華文化推展至一個又一個高峰。

這些都是中華民族的歷史文化傳承，只要好好保存，並發揚光大，總能開花結果，瓜瓞延綿。所以孔子「修詩書，作春秋」，目的正是在於愛護文化、保存文化，成為一份使命。當子張問孔子能否知道十代以後的社會制度，孔子解釋歷史文化有一根前後傳承的線索，由夏而商，由商而周，因時制宜，總有變動，但那個精神卻是不變的。故此孔子滿有信心的說：「其或繼周者，雖百世可知也。」(5.4.5) 百代相承，永續不衰的，正是我們中華民族的歷史文化統緒，也是孝悌仁義、重信愛民的文化精神，或者稱之為「道統」。而孔子自信滿滿，正是以衛道者自居。一次，孔子被困匡地，他感慨地說：「文王既沒，文不在茲乎？」(5.4.6) 這等於承認他自己是周文化的繼承者。孔子好學不倦、不恥下問，將周朝禮文整理好，正要把它傳承下去。如果老天真要滅絕文化，讓他這時就死掉，這個文化就難以傳承下去了。由此可見，孔子對於傳道有一份使命感，同時孔子也認識到維繫歷史文化的重要性。一個二千五百年前的人，有如此見識，殊不簡單。也正因為孔子的努力，儒家思想成為了中華民族的精神支柱，同時也擴展到東亞，以至東南亞的許多國家去。

想一想 中國文化博大精深，反映到生活的各個方面。試在文學、書法、國畫、烹飪、中醫學當中，選取一項，談談中國文化的源遠流長。

生死鬼神

5·5·1 樊遲問知。子曰:「務民之義,敬鬼神而遠之,可謂知矣。」問仁。曰:「仁者先難而後獲,可謂仁矣。」

《論語·雍也》

5·5·2 祭如在,祭神如神在。子曰:「吾不與祭,如不祭。」

《論語·八佾》

5·5·3 子不語怪力亂神。

《論語·述而》

| 語譯 | 樊遲問甚麼是明智。孔子說：「做事順應民心，敬重鬼神卻遠離鬼神，就算明智了。」又問甚麼是仁。孔子答：「吃苦在前，享受在後，就算仁了。」 |

| 說明 | 這段話孔子因材施教，教樊遲先幹實事，照顧民生，不要畏難。古代人死之後，軀體叫「鬼」，精神叫「神」。不敬鬼神，既失禮節，也失恭敬；親近鬼神，往往影響人的生活和處事。敬畏又保持距離，合乎中庸之道，可以說是智慧了。 |

| 語譯 | 祭祀祖先就如同祖先真在那裏，祭祀神就如同神真在那裏。孔子說：「我如果不親祭，那就如同不祭祀一樣。」 |

| 說明 | 祭祀的意義，在於向先人表達誠敬之意。這是感恩，不在迷信。自己事忙，由別人代祭，就等於不祭，因為無法傳達出內心的真誠。 |

| 語譯 | 孔子不談怪異、暴力、變亂、鬼神這些東西。 |

| 說明 | 孔子愛從正面去談人生問題。故此，談日常而不談怪異，談德治而不談霸力，談治道而不談變亂，談人事而罕及鬼神。 |

312
313

生死鬼神

5.5.4 季路問事鬼神。子曰：「未能事人，焉能事鬼？」敢問死。曰：「未知生，焉知死？」

《論語·先進》

5.5.5 子產曰：「天道遠，人道邇，非所及也，何以知之？灶焉知天道，是亦多言矣，豈不或信！」

《左傳·昭公十八年》

5.5.6 夏首之南有人焉，曰涓蜀梁。其為人也，愚而善畏。明月而宵行，俯見其影，以為伏鬼也；卬〔仰〕視其髮，以為立魅也。背而走，比至其家，失氣而死。豈不哀哉！

《荀子·解蔽》

語譯　子路問怎樣侍奉鬼神。孔子說：「還沒有侍奉好人哩，還談甚麼侍奉鬼神？」又問死是怎麼回事。孔子答：「不知道生是甚麼回事，還談甚麼死？」

說明　有些事情不好說，不該說，也不能說。據《說苑‧辨物》記載：子貢問孔子：「死人還有知覺嗎？」孔子說：「我要說死者有知覺唄，恐怕孝子賢孫會妨害在生的人，老想着如何送死；我要說死者沒有知覺唄，又擔心不孝子孫會棄屍不葬。所以呀，你要想知道死人到底有沒有知覺的話，等你死了就自然知道了，那時未為晚也！」

語譯　子產說：「天道悠遠，人道切近，兩不相關，怎麼能憑天道去了解人道？裨灶哪裏懂得天道？這個人話說多了，難道不會偶爾說中嗎？」

說明　這一年鄭國天空出現彗星，星占家裨灶預言鄭將發生大火。人們勸執政的子產按照裨灶的話，用玉器禳祭，避免火災。子產卻說天道遙不可及，說知道的人都是妖言惑眾，不如做好當下老百姓生活的事情吧。

語譯　夏水南面住着一個叫涓蜀梁的人。這個人愚蠢又膽小，在月光明亮的晚上行走，低頭看見自己的影子，以為是蹲在地上的鬼；抬頭看見自己散下的頭髮，以為是站着的鬼。他嚇得轉身逃跑，剛好到家，就氣絕身亡。這樣的渾人，難道不可悲嗎？

說明　所謂疑心生暗鬼，鬼神之說往往來自各種幻覺和錯誤判斷，而古人早已懂得這個道理了。

古人熱愛生命，也嚴肅對待死亡；敬畏鬼神，更重視生民的福祉。

《史記·滑稽列傳》記載「河伯娶婦」故事：那一年西門豹初到鄴城當官，只見田地荒蕪，一片衰落景象。聽老百姓説，鄴城的三老、廷掾，聯合巫祝，每年以河伯娶媳婦為名，搜刮民財，禍害百姓。尤有甚者，巫婆遍尋當地未出嫁的漂亮女子，交不出「抵命錢」的就下聘禮去強娶，沐浴齋戒後，用木筏把新娘子送到河中，最後沉沒河底。要錢要命，苦不堪言！這年，又到河伯娶婦的日子，百姓群聚，盛極一時。西門豹也來到河邊，與三老、廷掾、巫婆等相會。忽見一個老巫婆，後面跟着十幾個年輕女弟子，簇擁住幾個可憐兮兮的女孩，錦鍛單衣，款款而至。西門豹吩咐道：「叫河伯媳婦過來瞧瞧。」年輕女孩被帶到西門豹面前，西門豹看了看，説道：「這些都不好，再找過吧。有勞巫婆先行稟報河神。」手下提着老巫婆就扔進河裏。過了一會，西門豹又説：「巫婆怎麼去這麼久，派弟子去催催……」手下抓住一個巫婆的弟子扔進河裏。又過了一會，西門豹又説再派一個弟子去催，一連扔下巫婆三個弟子。這時旁邊的三老、廷掾，已嚇得腿直哆嗦，西門豹轉身對他們説：「怎麼去這麼久一個都沒回來，要不再派個長老或廷掾下

去催催。」長老和廷掾個個嚇得屁滾尿流，跪在地上一個勁的磕頭，頓時血流滿面。過了一會，西門豹說：「可能他們都不會回來了。你們都起來，大家散了吧。」從此以後，鄴城再也沒人敢借迷信做出斂財害命的事了。可見古人並不輕信鬼神，重視的是生命和生活。

有誰不愛護生命呢？《尚書‧洪範》講到人的「五福」（壽、富、康寧、攸好德、考終命），以長壽居首，以享盡天年作為終極的福分。這是對生命的善頌善禱。生命不僅僅是活着，還要講生存的意義、人生的目標。那麼，生存的目的是甚麼？孔子說：「朝聞道，夕死可矣。」（《論語‧里仁》）在孔子看來，生命是一個聞道的過程，也是一個學習的過程。有朝一日，找到了道，這一生就不算辜負了。這個道，是天道，是世上的真理。可見人生的意義不僅僅在滿足欲望；欲望往往是物質上的滿足，卻不是精神上的滿足。

人必有一死，那麼，我們該以何種態度面對死亡？孔子的學生子夏說：「死生有命，富貴在天。」（《論語‧顏淵》）千萬不要以為這是一句消極的話。生和死，自有命運的安排，都不容我們選擇。但由生到死，中間整個活着的過程，卻牢牢的掌握在自己手上。求富求貴，雖不盡如人願；但探求知識、敬親愛家、尋師訪友、關懷社會、成己成人，都可以讓人生充滿意義。即使到了死亡那一天，都會覺得不枉此生。

死亡是甚麼？死亡可怕嗎？孔子說：「未知生，焉知死？」（5.5.4）人的知識有限，對死亡的認知不多，孔子採取實用理性的態度，教大家先處理好當下的生活問題，其他都是無益和無用的。另一方面，重視生存並不表示畏懼死亡。孔子說：「志士仁人，無求生以害仁，有殺身以成仁！」（《論語‧衛靈公》）損仁害義的事情，可寧死不幹，因為道義的價值，遠遠高於性命。《呂氏春秋‧貴生》對於生死，有一段簡要的概括：「全生為上，虧生次之，死次之，迫生為下。」生命不僅僅是為了生存，還有精神上和物質上的追求，即使不能完全滿足，但至少仍然在自己所掌握的範圍內。「全生」，物質和精神兩方面都得到滿足，所以活得精彩，既有享受，也有尊嚴；「虧生」，兩方面稍有欠缺；「死」，一切歸於無；「迫生」，活着卻不能自我主宰，肉體折磨，精神痛苦，痛不欲生。如果全生是一百分，虧生五十，死零分，迫生就是負數，可見死亡並不是最可怕的事情。

生死姑且可以放下，存而不論，但鬼神之事，涉及祭祀的問題，孔子總得給個說法。子路老是跟老師抬槓，就問及如何事奉鬼神。孔子回答：「未能事人，焉能事鬼？」（5.5.4）在生的人，你還未懂得孝敬和照顧，又憑甚麼去尊敬鬼神。

所以,《論語・述而》就提到「子不語怪力亂神」(5.5.3)。孔子一向強調「知之為知之,不知為不知」(《論語・為政》),不言怪異,無疑是一種大智慧。但尊天事鬼的墨子,對孔子的批評就不留餘地了。墨子説:「執無鬼而學祭禮,是猶無客而學客禮也,是猶無魚而為魚罟也。」(《墨子・公孟》)學習禮儀也好,製造魚網也好,總得有個相應的對象,如果沒有鬼神,那麼祭祀之禮拿來幹甚麼?

孔子對這個問題,其實早有答案。《論語・八佾》:「祭如在,祭神如神在。」(5.5.2)祭祀的時候,想像先人、神靈如在那裏。如在,即不肯定他是否存在,但重點是自己心存敬意。酬謝祖先,這是盡孝;敬謝冥冥中的神靈,這是盡敬。作為子孫後人,應該對前人的恩澤長懷感恩之心。孔子又説:「務民之義,敬鬼神而遠之,可謂知矣。」(5.5.1)對鬼神採取敬畏的態度,但與之保持距離,既不肯定,也不否定,凡是有利於民的就樂見其成,這是最合理的處理方式。因為無論採贊成或反對的立場,均難以作出客觀判斷,而且必然引起質疑,是吃力不討好的事情。

想一想 隨着社會進步,孔子對生死鬼神問題的回應已不管用了嗎?試談談你的看法。

古人莫不信天、敬天，認為上天主宰着人的窮達禍福，但荀子並不相信這一套。他對於「天」，有着獨特的看法，試看看以下《荀子・天論》的論述：

原文 楚王後車千乘，非知也；君子啜菽飲水，非愚也；是節然也。若夫志意脩，德行厚，知慮明，生於今而志乎古，則是其在我者也。故君子敬其在己者，而不慕其在天者；小人錯其在己者，而慕其在天者。君子敬其在己者，而不慕其在天者，是以日進也；小人錯其在己者，而慕其在天者，是以日退也。故君子之所以日進，與小人之所以日退，一也。君子小人之所以相縣者，在此耳。星隊木鳴，國人皆恐。曰：是何也？曰：無何也！是天地之變，陰陽之化，物之罕至者也。怪之，可也；而畏之，非也。

語譯 楚王外出，隨從的車子上千輛，並不是因為他聰明；君子粗茶淡飯，並不是因為他愚蠢；這都是境遇、命運的制約造成的。至於那些修心立品、德行敦厚、思慮高明，生在今天而能思慕古道的人，他們的修養卻是掌握在自己手上。所以，君子慎重地對待那些取決於自己的事情，而不去羨慕那些取決於上天的東西；小人卻丟下那些取決於自己的事情，而指望那些取決於上天的東西。君子慎重對待那些取決於自己的事情，而不去羨慕那些取決於上天的東西，因此天天進步；小人丟下那些取決於自己的事情，而指望那些取決於上天的東西，因此天天退步。所以君子天天進步的原因，與小人天天退步的原因，道理是一樣

的。君子、小人相差懸殊的道理，就在這裏了。流星墜落、樹木發響，國人都害怕，說：「這是甚麼原因呢？」回答說：「這沒有甚麼啊。」這是大自然的變動、陰陽二氣的轉化，只不過是事物中罕有的現象罷了。覺得它奇怪，是可以的；但害怕它，就錯了。

《孟子・盡心上》提出「仁民愛物」（「親親而仁民，仁民而愛物」）的觀點。我們都說君子有關愛一切生命的襟懷，孟子更認為這一點點關愛之心，有着十分強大的能量，它甚至可以讓你成為一個王者。試看看以下《孟子・梁惠王上》一段論述：

原文　曰：「德何如，則可以王矣？」曰：「保民而王，莫之能禦也。」曰：「若寡人者，可以保民乎哉？」曰：「可。」曰：「何由知吾可也？」曰：「臣聞之胡齕曰，王坐於堂上，有牽牛而過堂下者，王見之，曰：『牛何之？』對曰：『將以釁鐘。』王曰：『舍之！吾不忍其觳觫，若無罪而就死地。』對曰：『然則廢釁鐘與？』曰：『何可廢也？以羊易之！』不識有諸？」曰：「有之。」曰：「是心足以王矣。百姓皆以王為愛也，臣固知王之不忍也。」王曰：「然。誠有百姓者。齊國雖褊小，吾何愛一牛？即不忍其觳觫，若無罪而就死地，故以羊易之也。」曰：「王無異於百姓之以王為愛也。以小易大，彼惡知之？王若隱其無罪而就死地，則牛羊何擇焉？」王笑曰：「是誠何心哉？我非愛其財，而易之以羊也，宜乎百姓之謂我愛也。」曰：「無

傷也，是乃仁術也，見牛未見羊也。君子之於禽獸也，見其生，不忍見其死；聞其聲，不忍食其肉。是以君子遠庖廚也。」

語 譯 齊宣王問：「要有怎樣的德行才可以稱王於天下呢？」孟子說：「能夠懷保人民，自可稱王天下，再沒有人能抵禦你了。」宣王說：「像我這樣子，足以懷保人民嗎？」孟子說：「可以的。」宣王說：「憑甚麼知道我可以懷保人民呢？」孟子說：「我聽胡齕說：『有一天，王坐在大殿之上，有人牽着牛從堂下經過，大王看見了，就問他說：「把牛牽到哪裏去？」牽牛的人回答：「把牠殺了，用牠的血去塗抹新鐘。」王說：「放了牠吧，我不忍心看牠那哆嗦可憐的樣子，毫無罪過卻被送往屠場！」牽牛的人說：「這麼說，要把祭鐘之禮廢除嗎？」王說：「怎麼可以廢除呢？用羊來代替吧。」』不曉得有沒有這件事？」宣王說：「有的。」孟子說：「懷有這種仁心，就足以稱王天下了；可一般百姓還以為大王吝惜一頭牛呢；我當然明白大王是不忍心罷了。」王說：「是啊！實在有百姓這樣想的；齊國雖然不大，我何至於吝惜一頭牛？只是不忍看牠那哆嗦可憐的樣子，毫無罪過卻被送往屠場，所以才用羊去替代牠。」孟子說：「百姓說王吝嗇，大王不需奇怪；用小羊去換大牛，他們哪會明白其中道理？王若是不忍看牠毫無罪過卻被送往屠場，那麼宰牛和宰羊又有甚麼分別呢？」王笑着說：「這真是不可解的心理呢！我的確不是吝惜錢財，才拿小羊去代替大牛；難怪百姓說我吝嗇了。」孟子說：「這

沒有甚麼關係，這正是仁愛的表現啊！道理在於看見牛哆
嗦可憐的樣子，卻沒有看見羊呢。君子對於禽畜，曾見牠
好好活着，就不忍見牠死去；聽到牠被殺時的哀鳴，就不
忍心吃牠的肉。所以君子總是跟廚房離得遠遠的。」

荀子認為君子與小人對於天和人有甚麼不同的
看法？他們的成就有何分別？

第 二 問

就「以羊易牛」一事，齊宣王、齊國人民和孟
子各有甚麼不同看法？這段對話中，孟子用了
甚麼遊說技巧？

荀子認為君子與小人對於天和人有甚麼不同的看法？他們的成就有何分別？

荀子繼承了鄭子產「天道遠，人道邇」和孔子「不語怪力亂神」的思想傳統，把努力的方向放在人事（例如學習、修養、求道）；至於「天道」的有無，並不是他所關心的問題。在荀子眼中，上天無法決定人間的禍福，天和人之間並無必然的關係。所以那些捨人事而信天意的人成為了小人，那些不受所謂天命擺佈而能積極進取的人成了君子。

❶ 天：君子不聽天由命，小人信天意安排

君子固然認識到天意是人力所無法控制的。楚王富甲一方，外出時隨從的車子上千輛非因他聰明；君子僅能吃粗茶淡飯非因愚蠢。這些情況是時也命也，完全由天意安排。既然人力無所施加，故君子不會羨慕那些取決於上天的東西。

小人畏天、信天。流星墜落、樹木發響，國人都非常害怕，認為這些都是上天在顯示它的威力。故小人對天既畏且敬，於是聽天由命，老是指望着那些取決於上天的東西。

❷ 人：君子盡其在我，小人不願努力

君子相信人力，不信天意。流星墜落、樹木發響，純粹是自然現象，雖然罕有，實不足為奇，也不代表天的意志。

　　至於敦品勵行，遵守古道，這與天意無關，完全取決於自己努力的結果，故君子重人事而不信天命。

　　小人畏天，覺得萬事萬物，冥冥中自有天意安排，所以丟下那些取決於自己的事情，認為這樣做可以省卻無謂的努力。

❸　成就：君子日進，小人日退

　　君子不管天命之有無，不信天、不認命，慎重地對待那些取決於自己的事情，確立方向，努力前進，故一天一天進步，而勢不可擋。

　　小人只信天意，不肯努力，所以能力愈低、品德愈下，天天在退步。

　　君子與小人，品德才智所以相差懸殊的原因，就在這裏。

就「以羊易牛」一事，齊宣王、齊國人民和孟子各有甚麼不同看法？這段對話中，孟子用了甚麼遊說技巧？

對「以羊易牛」的看法

人具有同情心和同理心。有時看見動物面對死亡，恐懼發抖，只要能力所及，都會動起惻隱之心，放牠一條生路。作為統治者，當看見百姓受苦，難道就不會動起惻隱憐憫之心嗎？在孟子眼中，一個具有同情心、同理心的人，他不僅愛動物，也會愛人、愛百姓；這種關愛之心，就是仁政王道的基礎。一個國君，能愛人民，自然受到百姓擁護和支持。問題是，錦衣玉食的統治者已退離了群眾，也遠離了現實生活，他的政治野心讓他變得麻木不仁。故此，孟子在這段對話中，藉「以羊易牛」一事，讓齊宣王回憶真實的情境，喚起他的憐憫心，讓他面對真實的自己。簡言之，對於「以羊易牛」，齊宣王、齊國人民和孟子各有不同看法：

❶ 齊宣王

齊宣王看見有人牽着牛從堂下經過，查問後得知要把牛殺了，用牛血去塗抹新鐘。於是他下令把牛放了，因為他不忍心看牛哆嗦可憐的樣子，任牠平平白白就被送往屠場吃一刀。牽牛的人問要不要廢除祭鐘之禮，齊宣王當然不同意，於是用羊來代替。後來百姓都議論紛紛，説齊宣王太小氣了，捨不得一頭牛，用羊來代替，那是吝嗇的表

現。齊宣王當然自知不是吝惜一頭牛，而是覺得這頭牛太可憐了。不過，牛是一條生命，羊何嘗不是生命？兩者唯一差別是牛貴而羊賤，那不是吝嗇還有甚麼原因？對於這個問題，齊宣王也難以解答，覺得是不可解的心理。

❷ 齊國人民

一般百姓就着這件事，覺得齊宣王「以小易大」，完全是吝嗇的表現。

❸ 孟子

孟子當然明白齊宣王「以羊易牛」是不忍心讓牛受苦。至於「以小易大」這個進一步的問題，孟子也作出解釋：關鍵在於「見牛未見羊」。齊宣王親眼看見牛好端端活着，所以不忍心見牠死去；正如聽到動物被殺時的哀鳴，就不忍心吃牠的肉，所以君子總是跟廚房離得遠遠的。齊宣王由始至終，沒有見到那一隻代罪羔羊，故他的仁愛之心就無法投射到羊的身上。

最後，孟子指出齊宣王既然懷有這種愛護動物的善心，就足以稱王於天下了。為甚麼呢？齊宣王一發善心，牛都可以逃出生天，這個有好生之德的王者，要是能再發善心，愛護人民，老百姓都會過着好日子。當老百姓生活好了，自然會擁護齊王，而天下人民都會嚮往齊國的統治。這就是一種仁者無敵和王天下的道理。

孟子的遊説策略

　　孟子見齊宣王，目的是叫他行「仁政王道」，這當然不合齊宣王脾胃，齊宣王根本不想聽，只是孟子名聲大，打算敷衍他一下，虛應故事，表示尊重賢者罷了。齊宣王那時大敗燕國，正是意氣風發。剛好孟子到來，好歹向他請教稱霸天下的方法。怎料孟子一味遊説齊宣王放棄霸道而推行王道，齊宣王當然沒有聽從，反而倒行逆施，生殺予奪，引致燕人叛亂，秦國也聯合多國伐齊，齊國被迫撤軍，也因此逐漸衰落。齊宣王後來感慨説：「吾甚慚於孟子。」

　　再回到孟子遊説齊宣王的情境，齊宣王一見到孟子，就問：「齊桓公、晉文公稱霸的事情，可以談談嗎？」他本來想帶動話題，不想跟孟子討論甚麼王道仁政。怎料到孟子竟然一口回絕，説孔子的弟子門人都不談以力勝人的霸道。可見孟子十分老辣，敢於直接拒絕對方的要求，又有點像詠春拳術中的「黐手」，一下子就把話頭拉到以德服人的王道。齊宣王以王者之尊，也只有唯唯諾諾的份兒。由此可見，孟子的遊説技巧已達爐火純青的境界。

　　以下就着兩人的討論過程，逐項分析孟子的遊説技巧：

❶　因勢利導

　　孟子老是教人行「仁政王道」，於是齊宣王問他要有怎樣的德行才可以稱王於天下，又説像他這樣子的人可

不可以懷保人民。孟子當然明白，齊宣王熱衷霸道，無心王道，講的完全不是愛民如子那一套。故此，齊宣王期待孟子給他的答案是「不能」；既然「不能」，那就不用再談了，先生請回吧。豈料孟子回覆「那是可以的」，這個答案出乎齊宣王意料之外，於是兩人的談話就無法結束了。換言之，孟子順應着齊宣王的話頭，卻沒有被對方帶到設定的死胡同，竟然別開生面，發展成有利他論說「仁政王道」的方向。

❷ 真實事例

孟子在會面之前，已做好了搜集資料的工夫，在齊宣王身邊人胡齕口中，探聽到他的一舉一動。在展開遊說時，可以隨口舉出齊宣王的生活事例以作佐證。而「以羊易牛」一事，應該在宮中和民間鬧得沸沸揚揚，齊宣王在事件中也弄得灰頭土臉。孟子論述這件事時，竟然帶出一個新的觀察角度，自然引起齊宣王的興趣。此舉既能聚焦到齊宣王身上，同時也讓對方從親身經歷中獲得真情實感。

❸ 對方設想

「以羊易牛」一事，齊宣王備受百姓質疑其吝嗇，孟子卻能從齊宣王的立場和角度去觀察問題，體會當事人的想法。例如他說明白這不是齊王吝嗇，只是不忍心牛受苦和被殺害罷了；甚至齊宣王無法自解的內心疑團，孟子也能為他破解。韓非《說難》說：「凡說之難，在知所說之

心。」（遊説的困難，在於理解對方的心理。）又説：「凡説之務，在知飾所説之所矜而滅其所恥。」（遊説的要務，在於美化對方引以為榮的事，消除對方引以為恥的事。）看來孟子都一一做到了。

❹ 設疑解惑

對話中，孟子始終扣住對方的疑團（「王若隱其無罪而就死地，則牛羊何擇焉」），而齊宣王也不得不承認：「是誠何心哉？我非愛其財，而易之以羊也。」這等於把握住對方疑惑和好奇的心理，並經過層層推論，最後才給出「見牛未見羊」，「見其生，不忍見其死」這個答案，可見孟子已牢牢掌握住對方的心理和談話的節奏。

❺ 請君入甕

孟子一開始就在「保民而王」這個論題上，給齊宣王一個「可」的答案。這個答案完全脱離了齊宣王的想法和判斷，但其實這是孟子預先設定的圈套，然後帶引對方逐步推論，由承認「不忍其觳觫」，繼而「是誠何心哉」，再而「是乃仁術也」，最終歸結到原先「可」「保民而王」的論題上。此刻，齊宣王已無法否認自己具有「不忍」之心，然則又憑甚麼去批評孟子「仁政王道」的主張是毫無根據呢？

2

給中學生的
經典新談

人倫之愛

編著 朱崇學

責任編輯：鍾昕恩
校　　對：劉萄諾
裝幀設計：鄧佩儀
排　　版：時　潔
印　　務：劉漢舉

●

出版／中華教育

香港北角英皇道 499 號北角工業大廈 1 樓 B 室
電話：（852）2137 2338　傳真：（852）2713 8202
電子郵件：info@chunghwabook.com.hk
網址：http://www.chunghwabook.com.hk

●

發行／香港聯合書刊物流有限公司

香港新界荃灣德士古道 220-248 號 荃灣工業中心 16 樓
電話：（852）2150 2100　傳真：（852）2407 3062
電子郵件：info@suplogistics.com.hk

●

印刷／美雅印刷製本有限公司

香港觀塘榮業街 6 號海濱工業大廈 4 字樓 A 室

●

版次／2022 年 2 月第 1 版第 1 次印刷
©2022 中華教育

●

規格／32 開（200mm x 140mm）

●

ISBN ／ 978-988-8760-52-7